Planejamento
de campanha eleitoral

O selo DIALÓGICA da Editora InterSaberes faz referência às publicações que privilegiam uma linguagem na qual o autor dialoga com o leitor por meio de recursos textuais e visuais, o que torna o conteúdo muito mais dinâmico. São livros que criam um ambiente de interação com o leitor – seu universo cultural, social e de elaboração de conhecimentos –, possibilitando um real processo de interlocução para que a comunicação se efetive.

Planejamento
de campanha eleitoral

Thiago Luiz de Freitas
Ricieri Garbelini

EDITORA intersaberes

Rua Clara Vendramin, 58 . Mossunguê
CEP 81200-170 . Curitiba . PR . Brasil
Fone: (41) 2106-4170
www.intersaberes.com
editora@editorainteresaberes.com.br

Conselho editorial
Dr. Ivo José Both (presidente)
Drª Elena Godoy
Dr. Nelson Luís Dias
Dr. Neri dos Santos
Dr. Ulf Gregor Baranow
Editor-chefe
Lindsay Azambuja
Editor-assistente
Ariadne Nunes Wenger

Preparação de originais
Belaprosa
Capa
Charles L. da Silva
Projeto gráfico
Bruno de Oliveira
Diagramação
Andreia Rasmussen
Iconografia
Celia Kikue Suzuki

Dados Internacionais de Catalogação na Publicação (CIP)
(Câmara Brasileira do Livro, SP, Brasil)

Freitas, Thiago Luiz de
  Planejamento de campanha eleitoral/Thiago Luiz de Freitas, Ricieri Garbelini. Curitiba: InterSaberes, 2017.

  Bibliografia.
  ISBN 978-85-5972-448-6

  1. Campanha eleitoral – Brasil 2. Eleição – Brasil 3. Partidos políticos 4. Planejamento político – Brasil I. Garbelini, Ricieri. II. Título.

17-06260   CDD-324.720981

Índices para catálogo sistemático:
1. Brasil: Campanhas políticas eleitorais: Planejamento:
   Ciência política   324.720981

1ª edição, 2017.

Foi feito o depósito legal.

Informamos que é de inteira responsabilidade dos autores a emissão de conceitos.

Nenhuma parte desta publicação poderá ser reproduzida por qualquer meio ou forma sem a prévia autorização da Editora InterSaberes.

A violação dos direitos autorais é crime estabelecido na Lei n. 9.610/1998 e punido pelo art. 184 do Código Penal.

Sumário

11 *Prefácio*
13 *Apresentação*
17 *Como aproveitar ao máximo este livro*

Capítulo 1
21 **O candidato e a equipe de trabalho**

(1.1)
23 Comportamento político: tomada de decisão

(1.2)
25 Possibilidades para se lançar a uma candidatura

(1.3)
27 Qualificação exigida pela Constituição

(1.4)
28 Equipe de trabalho

Capítulo 2
51 **Plataforma e orçamentos de campanha**

(2.1)
53 A base da plataforma: o candidato e seu eleitorado

(2.2)
55 Conceito de ser candidato

(2.3)
56 Plataforma e grau de adequação

(2.4)
60 Imagem do candidato

(2.5)
61 Líderes de opinião

(2.6)
62 Orçamento da campanha

Capítulo 3
73 **Planejamento e *marketing***

(3.1)
75 Por que planejar?

(3.2)
76 Primeiros passos

(3.3)
80 Criação de objetivos

(3.4)
82 *Marketings* político e eleitoral

(3.5)
94 Sistema de avaliação de campanha

(3.6)
96 A boa comunicação

Capítulo 4
109 **Pesquisa de opinião**

(4.1)
111 Primeira fase da campanha

(4.2)
113 Segunda fase da campanha

(4.3)
114 Terceira fase da campanha

(4.4)
115 Métodos de pesquisa

(4.5)
118 Instrumentos de pesquisa

(4.6)
120 Tipos de pesquisa

(4.7)
125 Amostra de pesquisa

(4.8)
127 Sistema de Informação de *Marketing* Eleitoral (Sime)

(4.9)
135 Estrutura do eleitorado

(4.10)
138 Objetivos da pesquisa

(4.11)
139 Entrevistas

(4.12)
143 Amostragem aleatória e amostragem por área

(4.13)
144 Amostras não probabilísticas

(4.14)
144 Amostragem por conveniência

(4.15)
145 Variância e desvio-padrão da amostra

Capítulo 5
155 **Materiais de campanha eleitoral**

(5.1)
157 Propaganda política: mídia impressa

(5.2)
162 Eventos/comícios

(5.3)
165 Rádio

(5.4)
165 Televisão

(5.5)
166 Comitês de campanha

(5.6)
166 Carros de campanha, envelopamento de veículos e adesivos perfurados para carros

(5.7)
168 Panfletagem e *bikedoor*

(5.8)
169 Internet e redes sociais

(5.9)
172 Cuidados finais

Capítulo 6
181 **Legislação**

(6.1)
183 Aspectos legais iniciais

(6.2)
186 Aspectos legais de campanha

(6.3)
190 Aspectos legais de campanha na internet e em mídia impressa

(6.4)
194 Aspectos legais de campanha no rádio e na televisão

(6.5)
196 Aspectos legais de campanha no dia da eleição
205 *Para concluir...*
207 *Referências*
213 *Respostas*
217 *Sobre os autores*

Prefácio

Quando fui convidado pelo Ricieri e pelo Thiago para prefaciar esta obra, vi-me diante de um desafio. Para que eu pudesse escrever este texto, eles me entregaram uma versão do livro; como seu leitor número um, percebi a grandeza desta obra, que muito se assemelha a um guia sobre planejamento de campanhas eleitorais. A leitura foi extremamente agradável e, a cada parágrafo, pude constatar quão rica é esta obra, desde seu capítulo inicial até o último. Há muito tempo as pessoas desejam um material como este.

Por um instante, esqueci que estava no país da Lava Jato, na medida em que esta obra apresenta informações riquíssimas sobre como planejar uma vida de servidão ao público, repleta de ética e com vistas ao bem-servir.

Em sua teoria, Habermas versa sobre o agir estratégico e o agir comunicativo. O primeiro está envolto de intenções obscuras, e o segundo busca a emancipação. Ricieri e Thiago, por meio de seus ensinamentos e de suas discussões, concentram-se em maneiras de se fazer política com transparência. Assim, esta obra é um marco para os cidadãos que querem compreender melhor os trâmites da vida pública, bem como para os profissionais que pretendem ingressar na área política.

Cada vez mais estamos em busca de uma boa política. Creio que este livro motivará as pessoas com boas intenções a se lançarem no mundo político. Além de adotarem uma linguagem simples e clara, os autores preocuparam-se em apresentar exemplos práticos, a fim de facilitar a visualização dos assuntos abordados.

Boa leitura!

Elizeu Barroso Alves
Doutorando em Administração pela Universidade Positivo, beneficiário do Programa de Suporte à Pós-Graduação de Instituições de Ensino Particulares (Prosup) e professor do Centro Universitário Internacional Uninter.

Apresentação

Desde os tempos mais remotos, quando ainda estava associada à organização política e social da pólis, a política tem exercido o poder de direção, organização e administração de Estados e nações.

A política aristotélica, por exemplo, previa a formação moral dos cidadãos e os meios necessários para isso, visto que o Estado era um organismo moral, um complemento da atividade moral individual. Entretanto, a política é distinta da moral, pois esta tem como foco o indivíduo, e aquela, a coletividade.

Já a política moderna foi introduzida por Maquiavel, que fundamentou a filosofia política por meio da dominação dos homens, com vistas à compreensão de diversas ciências, como física e medicina, e ao ideal renascentista de domínio da natureza. Sua hipótese era a seguinte: se havia uniformidade nas leis gerais das ciências naturais, isso também era possível para as ciências humanas. Essas ideias foram essenciais para o Estado burguês, que precisava de desenvolvimento e de prosperidade em suas atividades.

Nesse momento, nasceu a ciência política, já com autonomia. Ela tomou força a partir do século XIX, com o surgimento das ciências humanas, como sociologia, antropologia e historiografia.

Considera-se, atualmente, a política como a liberdade de expressão e de opinião. O significado de ser um político é muito maior que o de ser um administrador público eleito pelo povo. Ser político é também ser conhecedor de seus direitos e de seus deveres como cidadão.

A atual política revela uma faceta de altos cargos e salários, de benefícios ilimitados e extensivos, de impunidade, entre outros aspectos. Entretanto, cabe ao homem ter a inteligência necessária para mudar o curso das coisas; essa transformação, que pode ser boa ou ruim, depende unicamente dele.

A política deve ser o exercício de poder em defesa da cidadania e do bem comum. Ao ser eleito, o político tem a obrigação de realizar ações que beneficiem a população como um todo, honrar seus eleitores e fazer jus à confiança nele depositada.

Para auxiliar os candidatos e os demais envolvidos em uma campanha eleitoral, organizamos este livro em seis capítulos. No Capítulo 1, fazemos uma breve proposição sobre aquilo que o candidato deve conhecer, bem como sobre as possibilidades de candidatura e os passos a serem seguidos para o indivíduo se postular a um cargo político e montar sua equipe.

No Capítulo 2, explicamos a importância de a plataforma do candidato ser bem delineada, com uma boa seleção de temas a serem tratados na campanha eleitoral. Versamos também sobre o modo como é feita a captação de recursos e como se programam os gastos para que estes não se sobreponham aos recursos adquiridos.

No Capítulo 3, evidenciamos o que é um planejamento estratégico e a necessidade de ele ser bem elaborado. Abordamos também a importância dos *marketings* político e eleitoral na campanha.

No Capítulo 4, ressaltamos a importância das pesquisas eleitorais, assim como da análise dos resultados.

No Capítulo 5, discorremos sobre os materiais de campanha eleitoral, desmembrados em diferentes formatos e mídias, e expusemos as regras para sua utilização. Comentamos também sobre os meios de comunicação e a relevância deles em uma campanha.

Por fim, no Capítulo 6, explicitamos os aspectos e os prazos legais, que devem ser levados em consideração ao se realizar uma campanha eleitoral.

Boa leitura!

Como aproveitar ao máximo este livro

Este livro traz alguns recursos que visam enriquecer o seu aprendizado, facilitar a compreensão dos conteúdos e tornar a leitura mais dinâmica. São ferramentas projetadas de acordo com a natureza dos temas que vamos examinar. Veja a seguir como esses recursos se encontram distribuídos no decorrer desta obra.

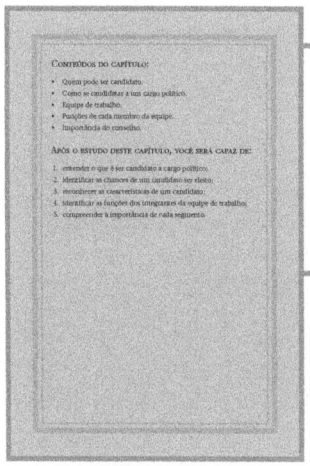

Conteúdos do capítulo:

Logo na abertura do capítulo, você fica conhecendo os conteúdos que nele serão abordados.

Após o estudo deste capítulo, você será capaz de:

Você também é informado a respeito das competências que irá desenvolver e dos conhecimentos que irá adquirir com o estudo do capítulo.

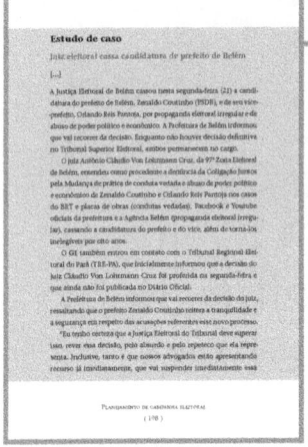

Estudo de caso

Esta seção traz ao seu conhecimento situações que vão aproximar os conteúdos estudados de sua prática profissional.

Leitura complementar

Esta seção apresenta textos que complementam o conteúdo abordado no capítulo.

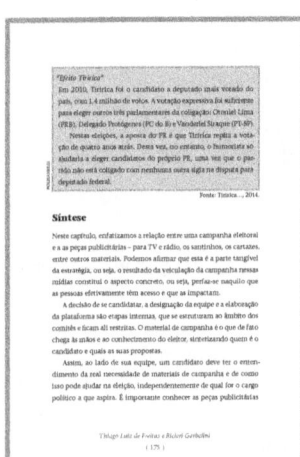

Síntese

Você dispõe, ao final do capítulo, de uma síntese que traz os principais conceitos abordados.

Questões para revisão

Com estas atividades, você tem a possibilidade de rever os principais conceitos analisados. Ao final do livro, os autores disponibilizam as respostas às questões, a fim de que você possa verificar como está sua aprendizagem.

Para saber mais

Você pode consultar as obras indicadas nesta seção para aprofundar sua aprendizagem.

Perguntas e respostas

Nesta seção, os autores respondem a dúvidas frequentes relacionadas aos conteúdos do capítulo.

Thiago Luiz de Freitas e Ricieri Garbelini

Capítulo 1
O candidato e a
equipe de trabalho

Conteúdos do capítulo:

- Quem pode ser candidato.
- Como se candidatar a um cargo político.
- Equipe de trabalho.
- Funções de cada membro da equipe.
- Importância do conselho.

Após o estudo deste capítulo, você será capaz de:

1. entender o que é ser candidato a cargo político;
2. identificar as chances de um candidato ser eleito;
3. reconhecer as características de um candidato;
4. identificar as funções dos integrantes da equipe de trabalho;
5. compreender a importância de cada segmento.

As eleições no Brasil ocorrem a cada dois anos. Os candidatos devem estar atentos às normas previstas pela Constituição Federal de 1988 e pela Lei n. 9.504, de 30 de setembro de 1997, que definem o comportamento adequado a toda pessoa que pretende concorrer a mandatos no Executivo ou no Legislativo.

Todo cidadão, no exercício de seus direitos de cidadania, pode ter participação efetiva e influência nas atividades governamentais, estando apto a alistar-se eleitoralmente e candidatar-se a cargos eletivos.

Neste capítulo, apresentamos o passo a passo para participação no processo de candidatura eleitoral.

(1.1)
COMPORTAMENTO POLÍTICO:
TOMADA DE DECISÃO

Para dar início a qualquer projeto, seja profissional, seja pessoal, é necessário traçar objetivos e ações. E na política não é diferente. Por meio de reuniões familiares e de conversas entre os afins, cria-se o alicerce do desenvolvimento de um projeto político. A política inicia-se quando o pretenso candidato e sua família veem, juntos, essa possibilidade; o aval dos familiares é primordial para impulsionar a campanha, bem como para motivar o candidato durante a corrida eleitoral.

O candidato precisa saber, primeiramente, o motivo principal por que o eleitorado votaria nele e se questionar da seguinte forma: Por que votariam em mim? O que posso oferecer à sociedade? Sou um bom candidato? O que me distingue dos demais?

Após essas perguntas serem respondidas, é preciso analisar vontades e riscos, bem como forças e fraquezas de um possível embate político. Na atualidade, a política partidária está desgastada entre a sociedade; alguns grupos demonstram resistência ou até mesmo intolerância a ela, o que, muitas vezes, dificulta a atividade política e o debate.

Para sua segurança e sua defesa, o candidato precisa refletir sobre seus erros, seus vícios e suas virtudes e também sobre seu passado – se este o condena ou não perante a sociedade. Boatos, vídeos e notícias ruins tendem a se espalhar muito rapidamente pelas redes sociais e pela imprensa. As informações políticas podem tanto favorecer quanto prejudicar os postulantes a cargos eletivos.

O candidato precisa montar uma equipe, composta de pessoas de sua confiança, para iniciar o planejamento e a preparação de uma pré-candidatura, majoritária ou proporcional. Essa equipe deve fazer um levantamento dos concorrentes, para um estudo da potencialidade de voto de cada um, por região e por localidade. Também é importante conhecer autoridades locais, líderes de bairros, religiosos, enfim, pessoas que realizam trabalhos em prol da sociedade.

Convém ressaltarmos que não basta o candidato ser eleito; depois de assumir o cargo, é necessário trabalhar de forma eficaz, demonstrando características positivas e competências profissionais. Se o objetivo do candidato é construir uma carreira de sucesso, ele precisa manter uma boa relação com os colegas e saber lidar com as limitações dos cargos políticos. Algumas características são indispensáveis a um bom político, entre elas:

- humildade, para perceber que ninguém faz nada sozinho;
- honestidade, para que possa trabalhar de forma eficaz no coletivo;
- energia e foco, uma vez que o trabalho é demorado e requer grande esforço pessoal – é essencial focar no bom desempenho, e não em ganhos pessoais;

- habilidade de comunicação, para interagir com todos os tipos de pessoas e em qualquer ambiente, sem discriminação. Ouvir as opiniões dos outros é extremamente importante, pois as diferentes experiências podem ajudá-lo a repensar a dele. Nesse sentido, é necessário aprender a utilizar a palavra *não*, mas sem ofender aquele que recebe a negativa.

(1.2)
POSSIBILIDADES PARA SE LANÇAR A UMA CANDIDATURA

Para ajudar o indivíduo a decidir, com maior segurança, sua candidatura, Kuntz (2006, p. 32) apresenta algumas perguntas:

1. *Você tem o apoio de sua família? Ela está disposta a assumir as responsabilidades do lar e, além disso, ajudar na campanha?*
2. *Será que sua família vai aguentar as ofensas de que você será alvo sem se perturbar?*
3. *Sua vida pregressa pode ser totalmente investigada? Como foram seus negócios? Suas declarações de imposto de renda? Seus parentes próximos? Fontes e renda? Sua saúde física e mental? Tudo isso pode ser comentado por qualquer veículo de comunicação?*
4. *Quem são os dez maiores aliados nessa batalha? Quais são os dez adversários mais ferrenhos? Você tem certeza de que seu grupo de aliados é mais forte, mais coeso e mais competente?*
5. *E os fantasmas do passado? Os esqueletos do armário? Seus ex-amigos, empregados, sócios, namorados(as), cônjuges ou velhos desafetos sabem algo que a imprensa, ou seus adversários, não possam saber?*
6. *(Depois da descoberta do DNA essa pergunta ganhou relevância). Se teve filhos fora do casamento, está tudo bem resolvido? Você não*

está sujeito a desgastantes processos por falta de pagamento de pensão alimentícia ou de reconhecimento de paternidade?
7. *Você está física e emocionalmente preparado para enfrentar uma campanha eleitoral?*
8. *Tem suporte financeiro suficiente? Se não, quem irá financiar sua campanha? Se você é empresário, quem vai tomar conta dos seus negócios? Se é empregado, tem emprego garantido em caso de derrota?*
9. *Você tem condições de formar uma equipe na qual possa confiar a estruturação, organização e administração de sua campanha, mantendo autoridade sobre ela?*
10. *Gosta de política? Sente prazer em participar do processo eleitoral?*
11. *Você e sua equipe acreditam nas condições de saírem vitoriosos na eleição, mesmo que para isso tenham que trabalhar até o limite da exaustão?*

No caso de respostas positivas a essas perguntas, Kuntz afirma ser possível seguir em frente com a candidatura. Ao se pensar em política, vêm à mente duas palavras: *vocação* e *profissão*. A primeira refere-se à identificação do indivíduo com os interesses da sociedade e à habilidade para representá-los, e a segunda diz respeito à ocupação que a pessoa exerce em troca de uma remuneração.

Vale destacarmos uma situação relativa aos candidatos ao Legislativo. Além de enfrentarem os demais concorrentes, eles deparam-se com uma disputa dentro do próprio partido. Afinal, os votos obtidos pelos candidatos do partido também são importantes à legenda, pois, ao atingir maior percentual de votos, esta acaba por eleger uma bancada com mais cadeiras.

Fazer parte de um partido dirigido por um clube seleto e fechado de líderes é a única forma de ingressar na política; por isso, o candidato deve pesar os prós e os contras antes de escolher sua legenda. Caso tenha potencial de votos, deve avaliar a vantagem de disputar as eleições por um partido menor, no qual haja maior possibilidade de negociar posições de poder interno e, ao mesmo tempo, necessite de uma quantidade menor de votos para ser eleito. Nesse sentido, são muito comuns as intervenções da cúpula partidária, ou executiva nacional, nos diretórios regionais e nos diretórios municipais.

Assim sendo, antes de comemorar a filiação e dar a candidatura como certa, é preciso estudar a situação e verificar as diretrizes, o programa e o manifesto – contrato de constituição legal – para entender os mecanismos internos de controle e de organização.

Após escolher o partido, convém pensar sobre a existência de um reduto, ou seja, se há um "ninho" no qual o candidato possa abrigar os votos, pois, sem reduto, ele é apenas meio candidato. O reduto é o local onde está protegido do alcance dos adversários e de onde vem sua força para enfrentá-los.

(1.3)
Qualificação exigida pela Constituição

No Brasil, para concorrer a cargos políticos, como presidente e vice-presidente da República, governador, senador, prefeito e deputado federal ou estadual, o candidato deve apresentar a seguinte qualificação: nacionalidade brasileira, alfabetizado, pleno exercício dos direitos políticos, alistamento eleitoral, domicílio eleitoral na circunscrição e filiação partidária. A idade mínima para presidente e para vice-presidente é de 35 anos; para governador, de 30 anos; para senador, de 29 anos; para prefeito e para deputado, de 21 anos; e, para vereador, de 18 anos. Não podem ser eleitos indivíduos que perderam o mandato por infringir a lei, que tiveram suas contas relativas ao exercício do cargo rejeitadas por irregularidades ou que foram condenados criminalmente.

O Tribunal Superior Eleitoral (Brasil, 2017) estabelece que é elegível:

> *Aquele que, satisfeitas as condições de elegibilidade e não incorrendo em qualquer situação de inelegibilidade, tem seu registro deferido pela Justiça Eleitoral, para participar de um pleito eleitoral. Durante o processo eleitoral, busca conquistar a simpatia do eleitorado para que este – por meio de seu voto – o legitime como seu representante, no exercício de cargo ou do Poder Legislativo ou do Poder Executivo.*

Agora que já leu esta seção, você se considera apto a ingressar na política? Se sua resposta for sim, o próximo passo será montar sua equipe.

(1.4)
Equipe de trabalho

O sucesso de uma campanha eleitoral depende de uma equipe bem-estruturada, que auxilie o candidato no estabelecimento de suas metas. Nesse sentido, é preciso formar um grupo de confiança, que "vista a camisa", trabalhe em harmonia e foque nos objetivos da campanha.

Assim, a equipe deve ser dividida em duas categorias: os políticos e os técnicos. É importante que o candidato organize o trabalho com base no organograma, programando funções e assegurando-se de que cada um está suficientemente preparado e motivado para apresentar propostas e angariar votos.

1.4.1 Organograma

O organograma ideal, desenvolvido sob medida para o candidato, pode ser estabelecido por meio de algumas premissas (Kuntz, 2006):

- Abrangência territorial da campanha: Quando se aumenta a área a ser coberta, crescem também as exigências de novas coordenadorias regionais e municipais capazes de assegurar a eficácia na elaboração e na aplicação de estratégias.
- Desmembramento das atividades a serem desenvolvidas: Ao se identificarem as ações que serão realizadas durante toda a campanha, devem-se agrupá-las em função de sua natureza e de seu caráter.
- Natureza do cargo disputado: É um dos fatores determinantes para a estrutura a ser desenvolvida. As necessidades em campanhas federais, estaduais e municipais são extremamente diferentes.
- Estratégia determinada pelo candidato: Assim como na campanha, é necessário subdividir as tarefas em função dos objetivos, definindo-se a abrangência territorial a ser explorada.

Para se definir um programa de propaganda, seja ela gratuita, seja paga, devem-se tomar alguns cuidados com relação à mensagem que se deseja veicular e escolher a melhor forma para apresentar o candidato ao público.

Como o candidato precisa apresentar-se publicamente, é essencial a existência de um programa bem-definido, controlado por sua assessoria política. Esta deve observar o cronograma previamente estabelecido pelo programa, a fim de otimizar o tempo de apresentação para que o candidato tire o máximo proveito. Além disso, a motivação do candidato com relação aos cabos eleitorais, aos eleitores e, até mesmo, ao próprio partido é de grande importância na campanha.

Para que a estrutura de organograma funcione, a assessoria deve aliar à mão de obra as especialidades de cada colaborador. Para isso, os assessores devem trabalhar de forma harmônica e reconhecer as atribuições e áreas de atuação de cada integrante da equipe, evitando, assim, a repetição ou a sobreposição de tarefas, com vistas ao alcance do objetivo final.

Desse modo, o organograma deve ser elaborado com base em duas premissas básicas: identificação das atividades necessárias ao desenvolvimento de determinada campanha eleitoral e escolha das pessoas mais capacitadas para exercer cada uma delas. O como e o quando fazer são fatores determinantes para a condução da campanha e da estratégia por que o candidato optou. Observe a Figura 1.1, a seguir.

Figura 1.1 – Organograma de campanha

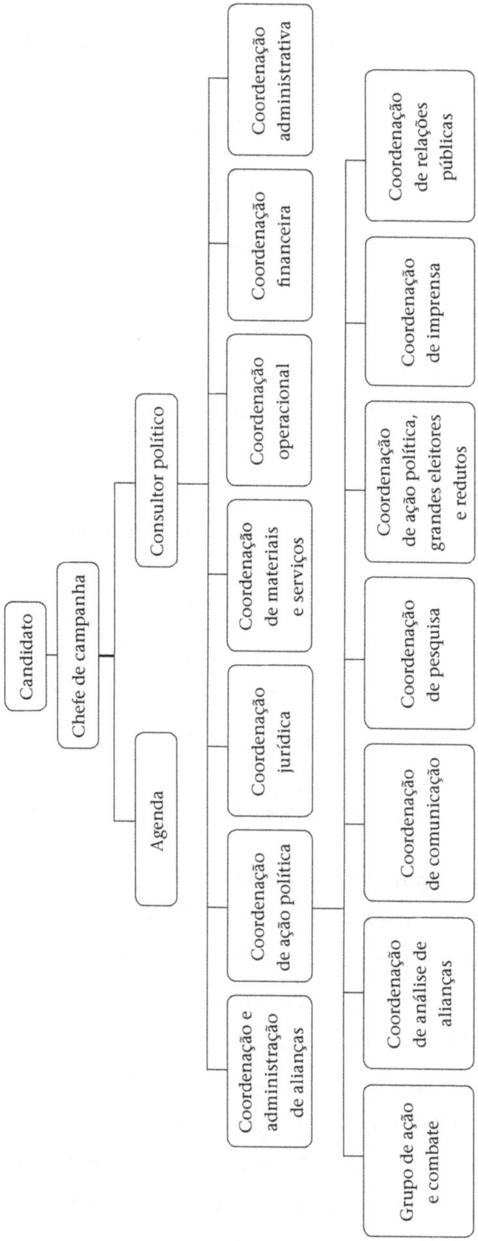

- Candidato
  - Chefe de campanha
    - Agenda
    - Consultor político
    - Coordenação e administração de alianças
      - Grupo de ação e combate
    - Coordenação de ação política
      - Coordenação de análise de alianças
    - Coordenação jurídica
      - Coordenação de comunicação
    - Coordenação de materiais e serviços
      - Coordenação de pesquisa
    - Coordenação operacional
      - Coordenação de ação política, grandes eleitores e redutos
    - Coordenação financeira
      - Coordenação de imprensa
    - Coordenação administrativa
      - Coordenação de relações públicas

Segundo Kuntz (2006), a natureza e a quantidade das funções variam de acordo com: a) o caráter do cargo eletivo do candidato, pois cada nível de mandato tem peculiaridades, as quais precisam ser observadas; b) a delimitação territorial desse mandato, para que se possa identificar o público a ser atingido; c) os recursos materiais, econômicos e humanos necessários e disponíveis; d) a estrutura eleitoral com que o candidato conta antes do lançamento da campanha; e) as possibilidades de alianças com terceiros que tragam vantagens à campanha; f) as ambições do candidato a curto, a médio e a longo prazo; e g) as características sociais e os aspectos geopolíticos dos eleitores em foco.

Cabe ao candidato escalar, de maneira inteligente, o time de assessores que comporá sua equipe de trabalho e administrar o desempenho deles na campanha.

O candidato precisa respeitar o trabalho realizado por seus companheiros de campanha, permitindo que cada especialista se responsabilize por sua área. Convém ressaltarmos que todos os envolvidos na campanha tendem a ganhar caso o candidato seja eleito.

1.4.2 COLABORADORES E DEPARTAMENTOS

O **chefe de campanha**, pessoa de absoluta confiança do candidato, é um dos poucos colaboradores que têm uma visão global das atividades e das estratégias empregadas, embora não seja o principal articulador ou estrategista da campanha. Uma difícil missão lhe é atribuída: cobrar tarefas e avanços estratégicos da equipe, dizendo *não* a muitos de seus membros, bem como manter todos conscientes de suas responsabilidades e exigir resultados (Valente, 2009).

O candidato toma conhecimento do andamento interno de sua campanha por meio de um relatório de desempenho individual de cada colaborador elaborado pelos integrantes da direção. O chefe de campanha aponta aqueles que necessitam de incentivo ou de cobrança e identifica os assuntos que merecem chegar ao conhecimento do candidato. Além disso, como administrador-geral, o chefe de campanha precisa ser dotado de capacidade de improvisação, inteligência, pragmatismo, objetividade e experiência. Seu envolvimento inadequado em determinada área executiva da campanha fará com que perca a visão vital para o correto desenvolvimento de sua função.

O **administrador de alianças** realiza a administração e a fiscalização do trabalho realizado pelos aliados e pelos cabos eleitorais que atuam a favor do candidato, assim como das cotas de materiais a serem distribuídos por meio da efetivação do trabalho de campo, que envolve a recepção, a triagem e o acompanhamento de reivindicações dos aliados. Como esse ofício requer muita experiência, sensibilidade política e capacidade de articulação e composição, o administrador de alianças deve ser, de preferência, um político veterano ou, ainda, alguém que tenha desempenhado funções de articulação entre políticos.

As principais funções do **consultor de *marketing* político** são: apontar possíveis erros; alertar o candidato sobre riscos oriundos de condutas inadequadas, como desrespeito às leis e divulgação de informações falsas; aconselhar o candidato sobre o modo de agir para poder realizar uma boa campanha eleitoral; e chegar ao objetivo desenhado.

Esse profissional deve estar sempre bem-informado; gostar de ler para poder analisar pesquisas, conjunturas e projeções de cenários de disputa; ser oportunista e fiel; estar constantemente atento para poder reagir em qualquer situação; e não menosprezar os adversários. O consultor de marketing político precisa diariamente recolher e filtrar informações para que o candidato seja constantemente atualizado e em boa posição na sociedade.

O **profissional de propaganda** é o principal interlocutor do consultor de *marketing*; com o **assessor de imprensa**, eles formam o tripé que sustenta a imagem do candidato. O insucesso de um dos pés prejudica igualmente as três partes e o andamento da campanha.

A agência de publicidade é responsável pela parte pública da campanha, ou seja, aquela que é visível e, consequentemente, vulnerável. Por esse motivo, deve fazer parte do conselho político, pois sua experiência será muito valiosa para o desenvolvimento e a reformulação de estratégias de comunicação.

Embora todos os profissionais sejam importantes, o **assessor político** é o que tem maior poder. É o mais próximo do candidato, atuando como gestor do tempo e da presença física dele ao longo da campanha. A assessoria política é uma fonte privilegiada de informações sobre a reação e a percepção do público qualificado e sobre os bastidores das campanhas em curso. Tais informações revelam novas oportunidades, bem como as fragilidades do próprio candidato e de seus adversários.

O **coordenador de material e serviço** é, basicamente, responsável pela compra e pela distribuição de materiais, pela administração de estoques e pela contratação de serviços. Esse profissional, que deve ser de absoluta confiança do candidato, precisa acumular bons conhecimentos do mercado fornecedor e dominar as características dos materiais e dos serviços que pretende adquirir. Nem sempre comprar barato significa comprar bem.

O **coordenador financeiro**, conhecido como *homem da mala*, organiza e desenvolve as atividades arrecadadoras da campanha. Para isso, conta com o apoio – financeiro, material ou logístico – de candidatos aliados (ou seja, que estão na mesma coligação), empresários, sindicatos e associações.

O **coordenador administrativo** funciona como a memória da organização. No setor controlado por ele, é abrigada uma central de processamento de dados, cuja dimensão varia de acordo com a necessidade. Essa área é a mais formal e técnica da campanha e deve ser comandada, preferencialmente, por um administrador com bons conhecimentos de informática.

Outra função muito importante é a do **coordenador de agenda**. Embora ela seja determinada pelo conselho político, sempre se considerando a prioridade dos compromissos, o coordenador é responsável por outras tarefas: manter o candidato a par das atividades programadas, como entrevistas, para que não ocorram atrasos ou superposições de eventos; organizar comitivas; elaborar roteiros de visita; entre outras. Esse profissional também deve "cuidar" das informações necessárias ao candidato em reuniões e discursos; muitas vezes, ele conta com o auxílio de outras coordenadorias para providenciá-las. Além dessas atribuições, precisa evitar que o candidato receba telefonemas ou visitas indesejadas e, quando necessário, reagendar ou até mesmo desmarcar compromissos.

Para se atingir o objetivo da campanha, é essencial que todas as áreas atuem de forma harmônica e otimizada. Garantir essa interação é a principal função do **coordenador de ação política**.

Assim, ao delegar uma função a uma pessoa de confiança, o candidato deve orientá-la a não fazer tudo sozinha e reforçar a importância do trabalho em equipe para o desenvolvimento de uma boa campanha. É importante que o conselho político e a coordenação de ação política tenham acesso a todas as informações capturadas.

Setores

Observe, a seguir, setores que desempenham papéis relevantes em uma campanha política:

- **Análise de alianças:** Levanta informações sobre as alianças ideais em cada região. Esse trabalho, extremamente estratégico e político, fica a cargo do conselho político. Porém, sua implementação depende do candidato e do administrador de alianças. A contratação ou a indicação de seus integrantes pode ocorrer entre os colaboradores voluntários, coordenados por um pesquisador.
- **Assessoria de imprensa:** Leva a público informações relevantes da campanha, como a atividade do candidato. A área deve ser coordenada por uma equipe preparada para construir e divulgar todas as informações necessárias.
- **Materiais e serviços:** Em virtude de sua importância em uma campanha, esse setor deve estar ligado diretamente à coordenação de ação política e ser evidenciado por todas as coordenadorias.
- **Pesquisas:** São normalmente contratadas por terceiros. Entretanto, o candidato deve dispor, ao menos, de um elemento para análise complementar das pesquisas encomendadas e para acompanhamento da evolução do quadro no decorrer da campanha.
- **Eleitores de peso:** Cabe à ação política arregimentá-los como líderes que contribuirão não apenas com seu voto, mas trarão outros. Isso deve ser feito em associações, clubes, sindicatos e outras instituições em que as lideranças possam colaborar de forma altamente positiva. Em virtude de seu poder de voto, merecem tratamento privilegiado por parte do candidato.

Coordenação operacional

A coordenação operacional está subordinada à administração de alianças, mas, à medida que o espaço geográfico a ser trabalhado cresce, o setor ganha maior importância – por isso destinamos um tópico apenas a ele. Dessa maneira, deve dividir geograficamente a localidade a partir de variáveis que tornem seus componentes mais harmônicos e transferi-los para mapas de fácil visualização, com a identificação dos principais pontos referenciais.

Com isso, delega a responsabilidade da gerência de cada uma das áreas definidas a colaboradores engajados na tarefa de administrar a campanha eleitoral nas regiões determinadas. Essa divisão deve:

- propiciar uma boa distribuição das pessoas na região, otimizando o trabalho e permitindo uma ação mais efetiva delas;
- contribuir para que a filiação partidária seja facilitada e os voluntários se engajem mais facilmente à campanha;
- garantir uma quantificação mais precisa dos materiais de propaganda, evitando o desperdício;
- auxiliar na definição do material de propaganda mais adequado a cada localidade;
- contribuir para uma organização mais efetiva e a continuidade do armazenamento e da distribuição desse material;
- proporcionar melhor identificação de locais em que cartazes, faixas, placas e outros itens de propaganda podem ser afixados.

Criar áreas bem-determinadas e delegar-lhes responsabilidades claras estimula uma competição saudável entre as coordenações. O desejo das equipes de realizarem um trabalho invejável pode contribuir muito para a campanha, proporcionando aos colaboradores uma sensação de dever bem cumprido.

Por meio de mapas bem planejados, é possível verificar tanto a evolução do candidato quanto a de seus concorrentes. O monitoramento por células geográficas também proporciona a observação da movimentação e da atuação dos adversários e de suas propagandas, o que possibilita comparações e avaliações. Esses mecanismos podem resultar em outras estratégias interessantes: se, em determinada rua, ocorre a panfletagem dos oponentes, o candidato pode levar sua equipe até lá, acompanhada de um carro de som, no sentido de sobrepujar-se a eles; se o comércio local está sendo alvo de panfletagem adversária, a equipe do candidato pode realizar visitas a esses mesmos comerciantes, a fim de fortalecer sua imagem; entre outras. Assim, tanto os comerciantes quanto a população geral perceberão o maior vigor do candidato em comparação a seus adversários.

Mapeamento e planejamento de ações
É importante dividir as áreas geográficas com a devida antecedência para que se possa identificar as principais características de cada uma delas, bem como seus problemas crônicos. Outras importantes informações podem ser colhidas por meio de:

- mapeamento das residências dos filiados a partidos políticos;
- mapeamento dos redutos eleitorais clássicos dos adversários;
- quantificação dos moradores e dos eleitores locais;
- identificação dos horários de pico no trânsito, com vistas à distribuição do material de campanha em esquinas e em semáforos e ao dimensionamento do pessoal a ser empregado nessa tarefa;
- elaboração de roteiros racionais e eficientes para a distribuição do material de campanha e a realização de carreatas.

O candidato deve visitar, na medida do possível, os eleitores ou, então, pessoas centrais em comunidades que possam transmitir as ideias dele; isso tende a gerar uma sensação de atenção a cada um. Além disso, deve marcar presença nas ruas, nos estabelecimentos comerciais, nas escolas, nas creches etc.

A distribuição do material de campanha deve ser feita de forma criteriosa, obedecendo às cotas preestabelecidas pelo conselho político. É essencial manter a campanha sob controle, o que exige muito "jogo de cintura" e habilidade por parte do coordenador, cuja função é garantir que o material esteja disponível no lugar e na hora determinados, em condições adequadas no que diz respeito à quantidade, à qualidade e ao preço.

A otimização do tempo do candidato é fundamental para que ele participe do maior número possível de compromissos, despendendo o mínimo de esforço, pois a campanha é exaustiva. O tempo, portanto, não deve ser desperdiçado, mas aproveitado ao máximo. Para isso, desde a pré-campanha, a organização deve prever racionalmente as ações do candidato.

1.4.3 ASSESSORIA DE *MARKETING* POLÍTICO E CABOS ELEITORAIS

O *marketing* político não se restringe à construção da imagem de um candidato, mas também a sua manutenção, o que exige competência e originalidade por parte dos profissionais que atuam nessa área.

O assessor de *marketing* político tem como pré-requisitos a autoconfiança, a ousadia e a mente aberta, além de precisar manter-se longe de preconceitos e de restrições e sintonizado com a realidade. Conforme Kuntz (2006), ele deve interessar-se pela compreensão humana; ser autorreflexivo sobre seus objetivos; perceber as influências modeladoras dos comportamentos individuais e coletivos; e manter-se atualizado sobre as novas tecnologias, principalmente as midiáticas, que influenciam o julgamento dos eleitores.

Esse profissional deve identificar todas as atividades associadas ao desenvolvimento de uma campanha política. Ou seja, tem a obrigação de conhecer os conteúdos materiais e pessoais de uma campanha eleitoral, sem, no entanto, centralizar em si as decisões e as funções; isso seria um "tiro no pé", visto que cada um apresenta um papel específico. Deve também organizar a logística referente aos materiais e aos serviços utilizados no decorrer da campanha, a fim de assessorar o candidato quanto ao conteúdo dos pronunciamentos e à participação em programas de televisão e de rádio.

O sucesso de um programa de *marketing* resulta da ampla satisfação das demandas e dos anseios dos eleitores com relação à organização política. O assessor de *marketing* é importante na medida em que funciona como estrategista, define as linhas de ação, orienta a escolha do discurso, ajusta as linguagens e estabelece padrões de qualidade técnica, sugerindo iniciativas e ponderando sobre o programa, os compromissos do candidato e as ações a serem empreendidas por este. Além de entender de campanha política, esse profissional precisa ter uma visão sistêmica de todos os eixos do *marketing* e ser capaz de visualizar possíveis nichos de interesse de uma sociedade exigente, crítica e sensível aos mandos e desmandos dos governantes.

Alternativas estratégicas

Para Kotler e Keller (2006), existem três alternativas estratégicas para se desenvolverem campanhas de *marketing*. A primeira, chamada de *marketing não diferenciado*, faz com que a mensagem transmitida pelo candidato atinja todos os eleitores, sem diferenciação. É uma projeção massiva indicada em regiões onde há forte polarização política.

A segunda estratégia, denominada *marketing diferenciado*, visa segmentar os eleitores de acordo com determinados parâmetros. Para cada um desses segmentos, há um planejamento específico, o que faz com que os impactos causados pelas mensagens selecionadas sejam distintos. Entretanto, convém ressaltarmos que cada segmento deve ser atingido de forma correta; caso contrário, o resultado pode ser negativo para o candidato.

Já a terceira estratégia, chamada de *marketing de nicho*, busca atingir uma parcela específica do mercado. Entre os fatores a serem considerados estão o grau de homogeneidade de cada segmento e o potencial dos oponentes para convencer os mesmos eleitores.

Em certas circunstâncias, é possível usar mais de uma estratégia, elaborando-se um **plano de ação** para cada público, de acordo com a disponibilidade financeira do candidato e as vantagens que esse método pode propiciar.

Vale destacarmos também a importância dos grupos de trabalho voluntários, que podem trabalhar diretamente com os eleitores ou outras pessoas que têm mais afinidade com o candidato. Eles levam a voz do candidato por caminhos que, muitas vezes, as campanhas publicitárias não conseguem alcançar.

Para ser lembrado, é preciso distinguir-se dos demais; é justamente esse diferencial que proporciona vantagem a algo ou a alguém em relação à concorrência. Essa ideia vale tanto para o *marketing* de produtos quanto para o de políticos, o de governos ou o de instituições. Sendo assim, uma boa forma de os políticos estarem continuamente em evidência é atentarem-se a exemplos proporcionados pelas marcas consolidadas no mercado.

Hipoteticamente, pode-se estabelecer uma eleição em que a Câmara Municipal de um município de médio porte ofereça de 30 a 40 vagas a vereadores. Os candidatos terão cerca de três meses para desenvolver uma campanha e, nesse tempo, precisarão criar muitos canais de comunicação com a população. Se todos seguirem métodos parecidos, o elevado volume de informação gerado poderá confundir os eleitores, que, provavelmente, definirão sua escolha somente nos 15 dias anteriores à eleição; portanto, os candidatos que, em virtude de diferenciais positivos, se sobressaírem a seus adversários terão mais chances de serem eleitos.

Nesse exemplo, a maior parte da propaganda feita pelos candidatos será perdida. No entanto, alguns deles certamente adotarão, desde o início da campanha, uma forma de comunicação eficaz e, assim, conseguirão associar seu nome a um diferencial interessante. Se mantiverem uma propaganda que mostre que se diferenciam dos demais candidatos pela atenção concedida ao eleitorado, terão suporte suficiente no período mais disputado de campanha; desse modo, precisarão despender menor esforço na reta final e poderão focar seu discurso em pontos cruciais no momento presente. Isso implicará divulgar aos potenciais eleitores projetos factíveis e necessários à comunidade; diagnósticos consistentes sobre situações específicas da região de sua atribuição etc.

Cabos eleitorais

No tocante ao *marketing* político, Valente (2009) atribui importância aos cabos eleitorais. Remunerados de forma direta ou indireta, sua missão é divulgar ao máximo o candidato e sua plataforma política. Para isso, utilizam meios que vão desde o contato direto com os eleitores, por meio de conversas informais e fortuitas, até a panfletagem, passando pelo trabalho porta a porta.

Eles têm ainda a tarefa de coletar informações de interesse para a campanha. Como mantêm contato direto e permanente com a massa de eleitores, podem identificar mais facilmente as necessidades da comunidade, o grau de receptividade do candidato, a visão das pessoas em relação aos outros concorrentes etc. Tudo isso contribui para o direcionamento da campanha, possibilitando, além da correção e da manutenção de determinados pontos, a criação de novas estratégias e metodologias de ação.

Pode-se fazer uma analogia entre o cabo eleitoral e o vendedor, pois aquele age como se estivesse "ofertando" o candidato e suas soluções ao eleitorado. Quando o candidato não pode participar tão ativamente junto aos eleitores, porque está gastando muito tempo em trabalhos de bastidores, os cabos eleitorais ajudam-no a manter contato com a realidade da campanha; isso é de suma importância, visto que, ao afastar-se dela, pode ser derrotado por não conhecer claramente as necessidades da população.

Os cabos eleitorais precisam passar por um **treinamento** no qual se evidenciam suas atribuições e áreas de atuação e também as características dos eleitores com que terão contato. Além disso, devem conhecer a fundo a plataforma que divulgarão e, sobretudo, os pontos negativos dos adversários e os pontos positivos do candidato, de modo a conduzir psicologicamente os votantes a vê-lo como o melhor. Essa capacitação permite, entre outros aspectos, a avaliação do grau de comprometimento do cabo eleitoral com a campanha e das habilidades dele, possibilitando aplicá-las com maior eficácia. Convém ressaltarmos ainda que esse treinamento motiva os envolvidos na campanha e promove uma maior integração entre eles.

1.4.4 CONSELHO POLÍTICO

Cabe ao conselho político o poder de decisão sobre os **fatores da campanha** e o **estabelecimento de estratégias**. Estão sob sua responsabilidade a definição de parcerias e alianças e de táticas a serem aplicadas em campo; o desenho das atribuições das coordenadorias; e a direção da elaboração da plataforma do candidato e dos programas constantes.

A aprovação dos orçamentos necessários a cada área é feita pelo conselho político, o qual tem o encargo de analisar as questões financeiras e solucionar os problemas de ordem interna. As peças publicitárias e as pesquisas também passam pelo crivo desse setor. O conselho deve atentar-se ainda aos efeitos da campanha sobre os eleitores, com vistas a eventuais correções ou mudanças de tática.

O candidato é um dos membros ativos do conselho, assim como o chefe de campanha, o coordenador de agenda e o coordenador de ação política. Eles podem deliberar sobre diferentes questões, solicitando, se necessário, a presença de outras coordenadorias para a tomada de decisões. Também podem participar das reuniões políticos aliados, indivíduos envolvidos na publicidade da campanha e todos aqueles que o candidato julgar benéfico ouvir.

Segundo Kuntz (2006), o ideal é que as reuniões do conselho sejam realizadas em duas etapas distintas:

1. Em um primeiro momento, as reuniões contam com a participação de todas as coordenações e de convidados especiais, quando são trazidos problemas, sugestões e informações sobre o andamento da campanha. Nessa etapa, o candidato abstém-se de tomar qualquer tipo de posição definitiva, comprometendo-se a estudar todas as questões tratadas para, posteriormente, manifestar-se com uma postura definida. É importante aproveitar a ocasião para motivar os auxiliares e determinar ações com base em decisões relacionadas aos temas pendentes.

2. O candidato toma as decisões com seu chefe de campanha e concentra um núcleo pequeno para que se evitem palpites e longas e estéreis discussões. O candidato tem a oportunidade de exercitar o espírito democrático, ouvindo o que cada um tem a dizer sobre determinado assunto; entretanto, mesmo com essa postura, ele deve parecer seguro com relação às decisões tomadas.

Assim, todas as ordens expressas durante a campanha, bem como as decisões tomadas, devem ser transmitidas aos coordenadores pelo próprio candidato para evitar a concorrência entre eles. A autoridade e o respeito inerentes ao candidato não podem ser delegados, em sua plenitude, a nenhum dos integrantes de sua equipe. É ele quem determina o que deve ser feito, como e quando, ao passo que o chefe de campanha supervisiona e apoia as ações propostas.

Esse método de reuniões em duas etapas possibilita ao candidato manter em sigilo certas informações e táticas, ou seja, as coordenações ficam a par apenas do que realmente lhes diz respeito.

Síntese

Neste capítulo, discorremos sobre a maneira como o cidadão comum pode ingressar na política, ou seja, os caminhos que deve percorrer para chegar às casas de representação (Câmara Municipal, Assembleia Legislativa, Congresso Nacional etc.). Destacamos que a idade mínima para se candidatar varia conforme o cargo postulado.

Além disso, apresentamos as qualificações estabelecidas por lei para uma pessoa se candidatar a um cargo político, como ser alfabetizada, maior de idade e brasileira.

Na sequência, evidenciamos que o apoio familiar é fundamental para quem deseja ingressar na política. Refletimos também sobre aspectos básicos que devem ser considerados por aqueles que pretendem adentrar na vida pública.

Por fim, versamos sobre a equipe que auxilia o candidato em suas caminhadas eleitoral e política.

Questões para revisão

1. De acordo com a Constituição Federal de 1988, para concorrer a um cargo político, o indivíduo precisa ser alfabetizado, maior de idade e brasileiro. Com relação à idade mínima para se candidatar a cargos políticos, marque (V) para as afirmações verdadeiras e (F) para as falsas:

( ) A idade mínima para senador é de 29 anos.
( ) A idade mínima para vereador é de 21 anos.
( ) A idade mínima para governador é de 29 anos.
( ) A idade mínima para presidente e para vice-presidente da República é de 35 anos.

Assinale a alternativa que apresenta a sequência correta:
a) V, V, V, V.
b) V, F, F, V.
c) V, V, F, V.
d) F, F, V, V.
e) F, F, F, V.

2. Um candidato deve montar uma boa equipe para auxiliá-lo em sua jornada política, e conhecer a função de cada membro é vital para sua campanha. Um dos integrantes da equipe tem o encargo de conservar a memória do candidato; mantê-lo a par das atividades programadas, como entrevistas, para que não ocorram atrasos ou superposições de eventos; organizar comitivas; e elaborar roteiros de visita.

Trata-se de atribuições do:
a) assessor de imprensa.
b) coordenador de agenda.
c) coordenador financeiro.
d) coordenador de material.
e) coordenador administrativo.

3. Em uma equipe de campanha, existe o tripé que sustenta a imagem do candidato, e o insucesso de um dos pés prejudica igualmente as três partes e o andamento da campanha. Os membros que formam esse tripé são:
   a) assessor de imprensa, consultor de *marketing* e coordenador de agenda.
   b) assessor de imprensa, coordenador de material e coordenador de agenda.
   c) assessor de imprensa, consultor de *marketing* e profissional de propaganda.
   d) assessor de imprensa, consultor de *marketing* e coordenador administrativo.
   e) coordenador financeiro, consultor de *marketing* e profissional de propaganda.

4. Qual é o papel de um coordenador de agenda em uma campanha política?

5. O que faz o setor de análise de alianças?

Para saber mais

O direito eleitoral no Brasil é regulamentado pela Constituição da República e por uma legislação específica, composta pelo Código Eleitoral – Lei n. 4.737, de 15 de julho de 1965 – e por diversas leis federais. Para aprofundar seus estudos, confira a íntegra desse conjunto de normas:

BRASIL. Constituição (1988). **Diário Oficial da União**, Brasília, DF, 5 out. 1988. Disponível em: <http://www.planalto.gov.br/ccivil_03/Constituicao/Constituicao.htm>. Acesso em: 2 jun. 2017.

BRASIL. Lei Complementar n. 64, de 18 de maio de 1990. **Diário Oficial da União**, Poder Legislativo, Brasília, DF, 21 maio 1990. Disponível em: <http://www.planalto.gov.br/ccivil_03/leis/LCP/Lcp64.htm>. Acesso em: 8 jun. 2017.

BRASIL. Lei n. 4.737, de 15 de julho de 1965. **Diário Oficial da União**, Poder Legislativo, Brasília, DF, 19 jul. 1965. Disponível em: <http://www.planalto.gov.br/ccivil_03/leis/l4737.htm>. Acesso em: 8 jun. 2017.

BRASIL. Lei n. 9.096, de 19 de setembro de 1995. **Diário Oficial da União**, Poder Legislativo, Brasília, DF, 20 set. 1995. Disponível em: <http://www.planalto.gov.br/ccivil_03/leis/L9096.htm>. Acesso em: 8 jun. 2017.

BRASIL. Lei n. 9.504, de 30 de setembro de 1997. **Diário Oficial da União**, Poder Legislativo, Brasília, DF, 1º out. 1997. Disponível em: <http://www.planalto.gov.br/ccivil_03/leis/L9504.htm>. Acesso em: 8 jun. 2017.

Perguntas & respostas

1. Quais são as características básicas de um bom candidato?
Resposta: Humildade, honestidade, energia, ambição, habilidade de comunicação, entre outras.

2. Como o candidato deve montar sua equipe?
Resposta: Para montar sua equipe inicial, o candidato deve contar com pessoas de sua confiança, como familiares e amigos, com vistas a planejar e a preparar uma possível pré-candidatura, tanto majoritária quanto proporcional.

3. Por que os candidatos ao Legislativo enfrentam maiores dificuldades?
Resposta: Porque, além de enfrentarem candidatos de outras agremiações, eles se deparam com uma disputa dentro do próprio partido. Afinal, os votos obtidos pelos candidatos do partido também são importantes à legenda, pois, ao atingir maior percentual de votos, esta acaba por eleger uma bancada com mais cadeiras.

Capítulo 2
Plataforma e orçamentos
de campanha

Conteúdos do capítulo:

- Conceito e importância de uma plataforma bem-definida.
- Seleção de temas.
- Definição e importância do orçamento na campanha eleitoral.
- Elaboração de orçamento e captação de recursos.
- Gastos pertinentes à campanha eleitoral.

Após o estudo deste capítulo, você será capaz de:

1. entender o que é a plataforma e sua real importância;
2. identificar o eleitorado;
3. compreender o que é o orçamento e a importância dele;
4. elaborar um orçamento;
5. reconhecer os reais gastos e os recursos existentes na campanha eleitoral.

Uma vez decidida a candidatura, o próximo passo é criar a plataforma política, ou seja, propostas para solucionar os problemas apresentados na região de domicílio do postulante ao cargo. Essa é a chave para a captação de eleitores.

Os meios de comunicação – rádio e televisão – disponibilizam horários gratuitos em sua programação, mas o tempo é curto para se apresentar uma plataforma de modo eficiente. Atualmente, a internet oferece espaço ilimitado para a divulgação de *sites* políticos, em que se enfatizam projetos do candidato que foram bem-sucedidos no passado e, também, projetos destinados ao futuro da população.

Nessa plataforma podem constar, por exemplo, propostas do candidato, biografia, fotos, vídeos e *blogs*. Além disso, ela oferece subsídios para a elaboração do orçamento de campanha.

(2.1)
A BASE DA PLATAFORMA: O CANDIDATO E SEU ELEITORADO

É fundamental os eleitores se identificarem com o candidato, que acaba por desenvolver uma relação particularíssima com eles, mesmo sem colher disso benefícios diretos, imediatos ou mensuráveis. O candidato bem-sucedido nesse sentido consegue envolver o eleitorado. Assim, muitos se apresentam como voluntários para auxiliar nos trabalhos de campanha e, quando necessário, defendem o candidato com veemência, o que resulta, certamente, na conquista de votos.

Kuntz (2006) pondera que, à medida que o candidato consegue essa empatia com os eleitores, mais admiradores e colaboradores se tornam dispostos a defendê-lo. Esse autor ainda faz referência a três grandes grupos de eleitores no que diz respeito à identificação com o candidato:

1. formado por um público cuja identificação com o candidato se dá de forma natural, por serem conhecidos, amigos ou vizinhos, ou seja, essa afinidade é gerada por aproximação anterior;
2. influenciado por testemunhos de outros simpatizantes, isto é, adere a essa simpatia e se identifica com o candidato por meio de terceiros;
3. envolvido pela imagem do candidato por intermédio dos meios de comunicação.

Estabelecida a divisão do eleitorado, é necessário identificar o **potencial de votos** que o candidato pode absorver em cada um desses estratos. Assim, para obter um embasamento sobre a estratégia a ser adotada, é preciso colher informações por meio de pesquisas direcionadas a tais segmentos. Pode-se perguntar ao eleitor qual foi, na opinião dele, a maior injustiça sofrida pelo grupo ao qual pertence e que ações poderiam contribuir para a solução de tal problema.

Com a consolidação da base, é possível ir atrás dos segmentos periféricos, que apresentam características, desejos e reivindicações iguais ou muito parecidos com os daquela. Também é preciso conhecer os problemas que mais afetam esse público e as possíveis soluções para eles. Por meio dessa pesquisa, o candidato pode avaliar se há como harmonizar suas pretensões com as necessidades reveladas por esse levantamento.

Segundo Lima (2002), se o candidato está a par das demandas sociais mais prementes, é possível moldar sua imagem às expectativas populares; assim, o eleitorado vai vê-lo como a pessoa ideal, banindo quaisquer aspectos que contrariem aquilo que o grupo espera de um candidato.

Chama a atenção o fato de o candidato ser um agente social, que tem uma história pregressa, crenças pessoais, ideias e opiniões, e não um produto, ao qual facilmente se pode agregar algum componente ou extirpar outro. Embora não seja fácil alterar as convicções e os comportamentos de uma pessoa, isso é possível. Entretanto, essas mudanças não podem ser apenas superficiais ou teatrais; o artificialismo é identificável, portanto, após certo tempo, as pessoas deixam de ser enganadas. Para Lima (2002), o candidato precisa avaliar as mudanças que, de fato, podem beneficiá-lo, tanto como político quanto como pessoa. Contudo, a possibilidade de seus adversários também tentarem melhorar é grande, o que deve ser acompanhado de perto pelo candidato.

(2.2) Conceito de ser candidato

O conceito engloba a imagem e a personalidade do candidato, bem como a compatibilização desses fatores com o desejo dos eleitores. Considera também os traços que os distinguem de seus concorrentes. É, portanto, um conjunto de aspectos referentes aos eleitores, ao candidato e a seus adversários.

O candidato deve imprimir **dinamismo** à plataforma, sem fixar-se apenas em uma ideia; para isso, deve lançar mão de fatos de maior evidência no momento histórico, mas que possam ser eliminados da plataforma sem alterar a essência dela. Assim, estará assumindo um conceito que se difunde entre diversos aspectos, como a defesa de proteção aos animais, o que acaba por facilitar seu acesso à mídia. Entretanto, deve ficar atento para não ocorrerem distorções ou mal-entendidos em seus posicionamentos.

Tal atitude permite ao candidato transitar entre os temas que mais sensibilizam os frequentadores dos eventos em que se apresenta. É fundamental que o candidato compreenda os espectadores com perfeição, para que possa, assim, assumir uma posição que vá ao encontro da deles; caso contrário, provavelmente desperdiçará o trabalho desenvolvido anteriormente.

Em contraponto à estratégia difusa, o candidato pode focar em um conceito específico, ou seja, tomar determinado tema como ponto central de sua plataforma. Essa é uma boa forma de propaganda, pois se estabelece uma associação automática entre o elemento escolhido e a imagem do candidato; é como se um efeito de fixação fosse produzido na mente do eleitor. Porém, esse método também pode resultar em situações indesejadas, por exemplo, se o candidato tiver de realizar alterações de última hora no elemento-chave em virtude de mudanças externas. Por isso, é necessário analisar os prós e os contras antes de adotá-lo.

(2.3)
Plataforma e grau de adequação

Quanto maior a adequação da plataforma ao eleitorado, maiores as chances de vitória por parte do candidato. Convém lembrarmos que, após o período de campanha e diante da conquista nas urnas, as propostas devem ser implantadas, pois outras eleições virão.

A plataforma de um candidato precisa distinguir-se da de seus concorrentes. Para tanto, em vez de concentrar-se apenas em assuntos batidos, aos quais os eleitores estão habituados, o candidato pode abrir espaço para temas polêmicos; assim, ele certamente se destacará em relação aos demais e chamará a atenção do eleitorado.

No entanto, com receio de descontentar os eleitores, muitos candidatos evitam abordar temas controversos em suas campanhas. Por outro lado, aqueles que optam por fazê-lo precisam ter coragem e, sobretudo, dominar tais assuntos.

É preciso ter em mente que, em razão das grandes diferenças existentes na sociedade brasileira, as aspirações variam muito de um grupo para outro. Se o candidato estiver completamente a par delas, poderá aplicar esse conhecimento a sua plataforma e introduzir as polêmicas que julgar convenientes. Se for o caso, poderá ater-se àquelas capazes de proporcionar-lhe mais votos (Lima, 2002).

2.3.1 COERÊNCIA DA PLATAFORMA

O candidato deve ter pleno conhecimento dos segmentos eleitorais que quer atingir, pois só assim pode definir a melhor forma de se comunicar com esse público e escolher elementos que deem personalidade e diferencial à campanha. Esses pontos devem ser muito bem explorados, pois todos os candidatos analisam a melhor forma de convencer os eleitores. Vale também abordar temas mais genéricos, de aspiração geral, como saúde, educação, segurança e emprego.

O candidato deve ter em mente que não convém levar à pauta propostas que não pertencem ao âmbito do cargo ao qual concorre. Um candidato a eleições municipais, por exemplo, não deve propor o aumento do salário mínimo nacional, pois isso é de competência da esfera federal.

Caso os eleitores percebam incoerências no discurso do candidato, seja antes da eleição, seja depois, este ficará desacreditado. Se ele for eleito e não puder cumprir o que sua plataforma estabelecia, terá poucas chances de ser reeleito.

O programa do partido também deve condizer com a plataforma do candidato, pois, do contrário, os eleitores perceberão divergências entre candidato e partido. A ocorrência de dissensões representaria não apenas um risco à candidatura desse candidato, mas também à de outros da mesma agremiação.

No caso de cargos executivos, o programa de governo deve estar afinado com os anseios de toda a população; caso contrário, o candidato pode ser visto como faccioso, ou seja, parcial, o que o levaria a perder votos de outros setores. Além disso, essa situação certamente seria levada à tona por seus adversários.

Definição da plataforma

A plataforma é o conjunto de proposições feitas pelo candidato com relação a sua futura atuação política; ele tece críticas, expõe ideias e posiciona-se diante de fatos e de problemas. Esse conjunto deve estar em harmonia com o ideal dos eleitores, possibilitando, assim, o desenvolvimento de um bom plano de campanha. Trata-se de um fator essencial para a formação da imagem do candidato perante o eleitorado, garantindo personalidade à campanha e diferenciando-a das demais.

O conteúdo que compõe a plataforma contribui para que o público fixe na memória o candidato. Para que uma campanha seja eficiente, proporcionando ao candidato maior chance de vitória, é muito importante escolher temas de interesse dos eleitores, que prendam sua atenção do início ao fim do discurso. O candidato deve expor tais assuntos de forma objetiva e clara, evitando o uso de termos de difícil compreensão, para que os eleitores os absorvam de imediato, visto que, via de regra, o tempo de pronunciamento é curto.

Outra questão relevante diz respeito à coerência da plataforma, assunto já abordado na Seção 2.3.1. Conforme mencionamos, alguns candidatos estabelecem em suas plataformas temas de atribuição de outras esferas, o que é temerário para uma eleição, na medida em que os eleitores podem considerar essa postura incoerente. Por outro lado, o candidato pode apoiar-se em plataformas de aliados que concorrem em outras esferas; assim, complementará sua campanha com coerência, mesmo abordando questões que não condizem com o cargo que almeja.

Uma plataforma constituída com base nos anseios do eleitorado e apresentada como uma proposta viável alça o candidato a uma posição confortável em qualquer campanha.

Temas de plataforma

De acordo com Borges (2012), o candidato deve focar na seguinte questão: Por que os eleitores devem votar em mim e não em outra pessoa? A proposta apresentada deve ser razão suficiente para que os eleitores o escolham entre tantas opções.

Os temas que compõem uma plataforma podem ser classificados em três classes distintas (Kuntz, 2006):

1. Temas fundamentais ou racionais: Referem-se à administração pública e à legislação.
2. Temas oportunos ou emocionais: Dizem respeito a fatos, acontecimentos ou tendências que se encontram em evidência em determinado momento.
3. Temas segregacionistas: Dão personalidade a uma campanha e, ao incluí-los em sua plataforma, o candidato precisa analisar os prós e os contras; isso porque será obrigado a definir uma posição, a qual vai, inevitavelmente, dividir o eleitorado.

Entre os assuntos considerados polêmicos estão aqueles relacionados a credo, classe social ou econômica, questões raciais, rivalidades cotidianas, ideologia, sexo, idade etc. Portanto, para evitar problemas em sua abordagem, é importante investigar, por meio de pesquisas, as características das pessoas que vivem na região onde os comícios ou as reuniões acontecerão.

A **oratória** é o principal instrumento do candidato para a divulgação de sua plataforma, ou seja, as ideias precisam ser transmitidas adequadamente para tornar os eleitores emocionalmente favoráveis a ele. A forma de o candidato transmitir sua mensagem também influi nas emoções dos ouvintes; portanto, ele deve assumir, primeiramente, uma postura humilde para, depois, demonstrar-se um profundo conhecedor do assunto em pauta.

Com relação à ordem de abordagem dos temas, uma sugestão é iniciar o discurso com assuntos emocionais ou polêmicos, intercalando outros fundamentais, e encerrá-lo com algum tema de alto impacto. O intuito é que as palavras do candidato continuem repercutindo na memória dos eleitores, aumentando a probabilidade de comentarem ou discutirem essas ideias com seus amigos ou seus familiares.

A maneira de o candidato se vestir e de gesticular completa o discurso na área visual e reforça o oratório. O esforço do candidato na construção de sua imagem resulta em uma proximidade com os eleitores. Entretanto, para que essa proximidade se efetive, o candidato precisa ouvir o que expressam os eleitores; isso pode ser obtido pela utilização dos meios de comunicação de massa e das redes sociais.

(2.4)
Imagem do candidato

Uma boa plataforma não é suficiente para garantir a vitória em uma eleição. A imagem que o candidato leva aos eleitores é um elemento essencial na campanha; ela deve revelar um elevado grau de coerência (Borges, 2012) e ser clara e positiva. Ao evidenciar suas crenças e suas ideias, o candidato demonstra quão próximo ou quão distante está dos anseios do eleitorado. Se a imagem transmitida agradar os eleitores, ele certamente acumulará votos.

Os eleitores têm uma ideia das especificidades de cada partido e do que este representa no contexto político. Quanto mais clara a ideologia do partido, maior sua facilidade de angariar votos; o oposto também é verdadeiro. Um partido cuja sigla está desgastada causa prejuízos ao candidato e compromete seus pontos positivos, gerando desconfianças no eleitorado; mesmo com chances de vitória, precisará percorrer um caminho mais difícil.

A imagem física do candidato também é relevante. Suas vestimentas, por exemplo, não devem se diferenciar muito das de seu público; assim, os eleitores criam uma identificação com ele e, subjetivamente, passam a vê-lo com um dos seus. Até mesmo a postura adotada pelo candidato e a forma de verbalizar suas ideias podem aproximá-lo ou afastá-lo da sociedade.

(2.5)
LÍDERES DE OPINIÃO

Em todas as comunidades, há pessoas que se destacam das demais por diversas razões, como conhecimento, idoneidade, seriedade, interesse e serviços prestados à população. Elas normalmente são admiradas e ouvidas e, pelo respeito que lhes é dedicado, tornam-se formadoras de opinião. Muitas vezes, atuam em clubes ou em associações, estão à frente de grupos religiosos etc.

Essas pessoas são de extrema importância para qualquer candidato, pois, caso se identifiquem com sua imagem e suas propostas, podem interferir na comunidade em prol dele e, consequentemente, angariar muitos votos. Além disso, podem fornecer ao candidato informações valiosas sobre as necessidades da comunidade e facilitar o acesso dele à população, para que verifique o desenvolvimento e a aceitação de sua campanha entre os eleitores.

A divulgação pessoal pode ser feita por meio de diversos canais, como SMS, *e-mail*, WhatsApp e Facebook. Como as vantagens e as desvantagens inerentes a esses canais são diferentes, um *mix* deles é bastante viável.

(2.6)
Orçamento da campanha

Os recursos financeiros possibilitam a realização das atividades da campanha. Assim, devem-se priorizar um orçamento bem-elaborado, que busque preços moderados, e o detalhamento dos produtos e dos serviços. A equipe deve administrar esse quesito com muito cuidado, levando em conta o antes, o durante e o depois das eleições, bem como os gastos pré e pós-campanha.

2.6.1 Elaboração do orçamento

Para planejar uma campanha eleitoral, são necessários recursos financeiros, portanto faz-se necessária a elaboração de um **plano orçamentário** que contemple a captação de recursos.

A subavaliação dos valores inseridos no plano orçamentário é um erro muito comum; quando a campanha já se encontra em fase adiantada, descobre-se que os recursos estimados não serão suficientes para cobrir os gastos. Para se elaborar um orçamento equilibrado, devem-se levar em consideração as necessidades reais do candidato e o público que este deseja atingir.

Após o estabelecimento do planejamento orçamentário, inicia-se a execução da campanha, ou seja, esta deixa de ser apenas um projeto e passa a ser colocada em prática. Os recursos financeiros têm de ser monitorados constantemente, para que não se gaste além do necessário e se apliquem nas ações previstas valores próximos aos estimados. O controle financeiro tem como base o fluxo de caixa, e qualquer movimentação de entrada ou de saída deve ser registrada, constando a quantia, a data e a razão da operação. Um controle rigoroso nesse sentido é importante para saber o real saldo disponível e também para monitorar as receitas ou as despesas futuras.

O orçamento precisa condizer com a realidade, pois se, no momento de uma aplicação, o valor necessário for muito superior ao estimado, haverá um gasto não previsto e a consequente redução do caixa. O controle adequado permite a criação de reservas financeiras para gastos não previstos, evitando-se surpresas desagradáveis no orçamento. Convém ressaltarmos que é importante estimar a data de aplicação de determinado valor em dada ação, considerando-se as taxas inflacionárias, que terão de ser previstas e contornadas.

Com relação aos serviços e aos materiais necessários, é preciso ter em mente se eles realmente estão disponíveis no comércio, pois de nada adianta destinar uma parcela do orçamento à aquisição de algo que se esgotou. Para contornar a carestia e a inflação, uma possibilidade é contratar serviços ou comprar mercadorias com antecedência; nesse caso, vale a pena verificar a capacidade do fornecedor e seu conceito no mercado para avaliar as chances de cumprir o prazo de entrega estabelecido.

São quatro as etapas para a identificação da necessidade orçamentária e o estabelecimento do orçamento:

1. *Levantamento das necessidades de materiais e serviços, a curto, médio e longo prazo, determinando ainda a espécie, a qualidade e as quantidades a serem orçadas. Os dados obtidos no planejamento se tornam necessários nessa fase, como o segmento, o número de votos, a*

distribuição geográfica, as características socioeconômicas e culturais do eleitor e o programa de atuação;

2. *Após a obtenção dos dados referentes à quantidade e espécie de materiais e serviços a serem orçados, estimar o potencial ou a capacidade de produção e qualificação de cada possível fornecedor;*

3. *A terceira etapa é marcada pelo levantamento dos custos que irão compor a previsão orçamentária da campanha, solicitando aos fornecedores seus preços e prazos de entrega;*

4. *Nessa etapa, completa-se a previsão orçamentária inicial, projetando--se a inflação do custo de serviços provável nesse período.* (Ferreira Junior, 2003, p. 85)

No tocante às classes de gastos, as principais dizem respeito a:

- viagem: despesas com transportes, estadas e refeições realizadas pelo candidato e por sua comitiva de campanha;
- contratação: retribuição pelos serviços prestados por cabos eleitorais, assessores pessoais etc.;
- serviços institucionais: pagamento pelos serviços realizados por agências de propaganda, assessoria de imprensa etc.;
- serviços operacionais: contratação de profissionais para divulgar materiais e recepcionar convidados, de serviços de *buffet* e de sonorização e iluminação de eventos;
- materiais de campanha: compra de materiais institucionais e promocionais, como faixas, *banners*, impressos e adesivos;
- brindes: aquisição de chaveiros, bonés e canetas e distribuição dessas peças aos eleitores;
- mala direta: listagem de eleitores, etiquetas, envelopes e impressões e o custo de seu envio;
- comitês: pagamento de aluguéis, de contas de água, luz e telefone etc.

Outro item relevante na consideração dos gastos, que merece um comentário à parte, são as **doações**. Nesse caso, as despesas variam de acordo com a generosidade financeira do candidato e ajudam a associar sua imagem a instituições filantrópicas, clubes e movimentos populares. Inclui-se aqui a compra de presentes para aniversariantes e para recém-casados, o que populariza a imagem do candidato e o aproxima dos eleitores. Assim, ele deve tirar de cada doação o máximo possível de prestígio e de votos. Dessa forma, as receitas podem ser divididas em três grandes contas: recursos do candidato, recursos do partido e contribuições de terceiros – pessoas físicas e jurídicas –, até mesmo em termos de doação de material.

2.8.2 Fluxo de caixa

Com o desenvolvimento de um bom planejamento orçamentário, podem ser obtidos dados das receitas, como o fluxo de caixa da campanha, indicando as épocas em que poderá haver sobra ou falta de dinheiro. Isso permite um remanejamento das receitas e das despesas, evitando dúvidas e atropelos de última hora.

Controlar a movimentação financeira da campanha é de extrema importância para o candidato e para sua equipe, pois, assim, podem **fiscalizar** os valores movimentados nos períodos de interesse. Quanto mais detalhado for esse controle, maior será a possibilidade de reajustar o planejamento dos gastos em função das necessidades e das entradas financeiras. Com isso, é possível otimizar os gastos e prover caixa para despesas futuras com o *marketing* do candidato.

Mesmo sem informações excessivas, mas com um controle detalhado, a tesouraria do candidato pode prestar contas sobre o destino de cada valor, além de proporcionar constantemente um panorama do suporte financeiro e das possibilidades vindouras e de oferecer condições de remanejamento de verbas, se necessário.

Neste ponto, vale comentarmos sobre as **contribuições coletivas**, medida que fortalece os filiados com menor capacidade de investimento e os protege dos riscos relativos ao apoio direto aos candidatos. Se o apoio ou o financiamento eleitoral ocorre em nível coletivo, de entidade de classes, o volume do investimento é dividido entre os dois ou os três candidatos mais viáveis, protegendo todo o setor de retaliação, qualquer que seja o vitorioso.

A coordenação financeira de uma campanha não deve se restringir à função de receptora e administradora dos recursos captados de grandes doadores. Existem outras formas de arrecadar fundos, e cabe a ela implantar sistemas que viabilizem novas fontes de renda. Segundo Kuntz (2006), os instrumentos mais utilizados para a arrecadação de fundos são:

- rifas e sorteios: o candidato pode lançar diversas rifas – que podem ser compradas nos comitês ou por intermédio de cabos eleitorais –, com custos de aquisição e prêmios diferentes, como eletrodomésticos e imóveis;
- bingos e torneios esportivos: permitem a arrecadação de fundos e a reunião dos eleitores, representando uma ótima oportunidade de entrosamento entre o candidato e a sociedade.

Em uma campanha de grande porte, a descentralização da responsabilidade de arrecadar fundos pode representar significativa economia e um alívio da pressão financeira proveniente dos colégios eleitorais. Para tanto, basta que o coordenador delegue aos aliados e aos candidatos proporcionais de seu grupo a execução dos eventos destinados à arrecadação de fundos para o custeio das atividades e das despesas locais.

A abertura dos comitês e sua transformação em pontos de comércio podem render muitos recursos e ampliar a publicidade do candidato, além de não representarem gastos extras. Esse esquema de arrecadação de fundos por meio da comercialização é o melhor antídoto contra acusações de opositores quando estes suspeitarem dos apoiadores da campanha.

Dessa forma, todas as operações desenvolvidas para arrecadar fundos são necessárias para viabilizar um plano bem-articulado e realizado por pessoas adequadamente preparadas para a tarefa.

As negociações de apoio e de aliança com lideranças políticas chamam-se *trânsito, troca, apoio logístico, apresentação a financiadores* e *favorecimento*. As moedas políticas baseiam-se nessa troca, ou seja, exploram as rivalidades naturais derivadas dos conflitos de interesse dos grandes líderes, que se repetem e se multiplicam nos diferentes níveis de governo.

O candidato deve conscientizar seu apoiador de que tudo o que ele investir em sua campanha – prestígio, serviço, trabalho, material, influência ou dinheiro – terá retorno ao final, que é a prestação de serviços de qualidade à sociedade.

Síntese

Neste capítulo, explicamos o que é uma plataforma política e sua importância para a campanha eleitoral; afinal, é por meio dela que se conquistam os votos dos eleitores. Mostramos que, primeiramente, uma pessoa decide ser candidata a algum cargo eletivo; em seguida, com a concepção da equipe já elaborada, é o momento de construir uma plataforma eleitoral, a qual deve abranger temas de interesse social.

Ressaltamos que uma campanha tem custos, razão por que o orçamento deve adequar-se à plataforma. Nesse sentido, discorremos sobre a real importância do orçamento para o prosseguimento de uma campanha eleitoral, bem como sobre a captação de recursos a serem utilizados durante a campanha.

Questões para revisão

1. Ao longo de sua caminhada, o candidato necessita identificar-se com o eleitor, de modo a criar um bom grupo de admiradores e colaboradores dispostos a defendê-lo. Em um dos grupos a que Kuntz (2006) se refere, a identificação com o candidato ocorre por serem conhecidos, amigos ou vizinhos, ou seja, essa afinidade é gerada por aproximação anterior.

   Esse grupo de eleitores é formado:
   a) de forma natural.
   b) por grupos de opiniões.
   c) pela comunicação eleitoral massiva.
   d) por testemunhos de outros simpatizantes.
   e) por indivíduos afetados pela imagem do candidato por intermédio dos meios de comunicação.

2. Sobre a classificação das plataformas, marque (V) para as afirmações verdadeiras e (F) para as falsas:
   ( ) Temas fundamentais ou racionais: dão personalidade a uma campanha e, ao incluí-los em sua plataforma, o candidato precisa analisar os prós e os contras; isso porque será obrigado a definir uma posição, a qual vai, inevitavelmente, dividir o eleitorado.

( ) Temas oportunos ou emocionais: dizem respeito a fatos, acontecimentos ou tendências que se encontram em evidência em determinado momento.

( ) Temas segregacionistas: referem-se à administração pública e à legislação.

Assinale a alternativa que apresenta a sequência correta:
a) V, V, V.
b) V, V, F.
c) V, F, F.
d) F, V, F.
e) F, F, V.

3. Os responsáveis pela elaboração de um orçamento de campanha devem conhecer todos os tipos de gastos e suas classes de divisão; caso contrário, o candidato pode enfrentar muitos problemas. Sobre as classes de gastos, marque (V) para as afirmações verdadeiras e (F) para as falsas:

( ) As despesas de viagem referem-se os gastos com transportes, estadas e refeições realizadas pelo candidato e por sua comitiva de campanha.

( ) As despesas com contratação dizem respeito à retribuição pelos serviços prestados por cabos eleitorais, assessores pessoais etc.

( ) As despesas com materiais de campanha estão ligadas à aquisição de chaveiros, bonés e canetas e à distribuição dessas peças aos eleitores.

Assinale a alternativa que apresenta a sequência correta:
a) V, V, V.
b) V, V, F.
c) V, F, F.
d) F, V, F.
e) F, F, V.

4. Uma boa plataforma não é suficiente para garantir a vitória de um candidato em uma eleição. A imagem que ele transmite aos eleitores deve ser clara e bastante positiva. Demonstre como essa imagem pode conquistar a preferência do público.

5. No tocante às plataformas eleitorais, há três tipos de temas: fundamentais ou racionais; oportunos ou emocionais; e segregacionistas. Defina esse último.

Para saber mais

Acompanhe, no *link* indicado a seguir, o *ranking* de análise da plataforma política dos candidatos à presidência em 2014:

JUVENTUDES CONTRA VIOLÊNCIA. Plataforma política. **Análise por candidatos.** Disponível em: <http://juventudescontraviolencia.org.br/plataformapolitica/ranking/analise-por-candidatos/>. Acesso em: 12 jun. 2017.

Para aprofundar os temas tratados neste capítulo, confira a sugestão a seguir:

WEBCITIZEN. **O que muda o Brasil é o que você sabe sobre ele.** Disponível em: <http://www.webcitizen.com.br/blog/>. Acesso em: 12 jun. 2017.

Perguntas & respostas

1. O que é plataforma?
Resposta: Plataforma é um conjunto de ideias, críticas, propostas e posições estabelecidas pelo candidato durante a campanha eleitoral.

2. Qual é o principal requisito de uma boa plataforma?
Resposta: O principal requisito é sua consistência. O candidato deve escolher temas que atraiam a atenção do público e utilizar uma linguagem objetiva e clara, a fim de alcançar a todos os segmentos sociais.

3. Qual é o significado de conceito difuso e de conceito específico?
Resposta: O conceito difuso tem um caráter mais dinâmico e refere-se a fatos em evidência e que podem ser suprimidos da plataforma sem alterar o conteúdo básico, facilitando, assim, a presença do candidato na mídia. O conceito específico valoriza o ponto central da plataforma, fazendo com que a imagem do candidato seja fixada na cabeça do eleitor, porém impede a ocorrência de mudanças de última hora.

Capítulo 3
Planejamento e *marketing*

Conteúdos do capítulo:

- Planejamento.
- Como realizar um planejamento.
- Planejamento estratégico.
- *Marketings* político e eleitoral.

Após o estudo deste capítulo, você será capaz de:

1. entender o que é um planejamento e sua real importância;
2. elaborar um planejamento.
3. compreender a importância dos *marketings* político e eleitoral na campanha.

O ato de planejar é um processo de reflexão, de previsão das necessidades e de tomada de decisões. No contexto de uma campanha, trata-se da análise de mercado para criar estratégias, ampliando esforços em etapas e prazos determinados. Ele determina aonde ir, como chegar lá e quais são os recursos e as possibilidades.

O planejamento deve começar pelo *briefing*, ou seja, por um relatório contendo informações sobre os ambientes interno e externo, oportunidades, objetivos e desafios para comunicação.

(3.1)
POR QUE PLANEJAR?

O planejamento está vinculado ao êxito ou ao fracasso da meta ou do ato definido. Para melhorar seu desempenho na campanha eleitoral, o candidato precisa de tempo para se preparar. Portanto, na atualidade, fatores como experiência, intuição, capacidade de improviso e vontade são complementados por técnicas modernas de pesquisa, gestão e estratégia; ao somarem-se todos eles, a capacidade competitiva do candidato aumenta.

Dispor de tempo para realizar as pesquisas; organizar a equipe; conhecer os problemas da cidade como um todo e de bairros específicos, pensando em propostas para solucioná-los; buscar apoios; fortalecer a relação com os eleitores; e realizar a comunicação sobre a gestão, caso o candidato esteja no governo, são ações fundamentais àqueles que buscam a vitória nas urnas.

As disputas eleitorais estão cada vez mais complexas e competitivas. A cada eleição, os partidos políticos procuram profissionalizar as campanhas, incorporando novas ferramentas de planejamento e gestão. Segundo Kuntz (2006), trabalhar de forma planejada acarreta alguns benefícios, como:

- aproveitar melhor os recursos disponíveis – pessoas, apoios, tempo e dinheiro –, que geralmente são escassos;
- ter maior controle do desempenho da campanha eleitoral;
- melhorar o trabalho em equipe, promovendo uma visão compartilhada das metas a serem alcançadas em cada momento da campanha.

Assim, devem-se conhecer bem os objetivos almejados, os militantes, os simpatizantes e os colaboradores, compreendendo a importância de cada tarefa na estratégia geral.

Um bom planejamento diário é essencial para quem se arrisca na política, ou seja, tomar decisões previamente, com rapidez e eficiência, contribui para o alcance do objetivo proposto. Isso também é válido para outros profissionais, como carpinteiros, marceneiros e estofadores.

(3.2)
Primeiros passos

Em cada profissão, existe um planejamento, e na elaboração de uma campanha política não é diferente. Para iniciar um projeto, o candidato precisa responder com franqueza a quatro perguntas simples, porém fundamentais: Por que ser candidato? Por que votariam em mim? O que me distingue dos demais? Como me sentirei se perder a eleição? Em seguida, deve fazer um levantamento sobre seu passado, suas fragilidades e suas virtudes, a fim de evitar problemas futuros[1].

Feito isso, pode-se dar início ao planejamento. A primeira questão é predeterminar o cargo desejado. Na sequência, devem-se analisar

---

1   Essas questões foram aprofundadas no Capítulo 1.

as eleições anteriores, para ter uma noção da quantidade de votos destinados a cada legenda e também ao último candidato vitorioso, bem como buscar saber quem são os filiados e os possíveis candidatos do partido.

Mediante esse exame atento, é possível observar os partidos que obtiveram o maior e o menor quociente eleitoral. Assim, identificam-se as alianças, que são muito importantes; a quantidade de cadeiras de cada partido e seu potencial etc.

Os dados e informações obtidos são repassados ao candidato, que terá de analisá-los, a fim de definir se é cabível disputar o pleito por um partido de sua preferência ou por outro que atenda a sua necessidade de votos.

Ao se examinarem o cargo e as legendas de anos anteriores, traça-se uma meta de trabalho, isto é, a quantidade de votos necessária para o êxito eleitoral, e verifica-se a potencialidade de cada candidato e a região correspondente. Os candidatos que se preocupam com a conquista de espaços mais imediatos, seja no próprio partido, seja entre o eleitorado, têm maior visibilidade e, consequentemente, maior vantagem em relação aos concorrentes.

A natureza do sistema democrático é a representatividade, que simboliza alguém além de si mesmo. Essa base é chamada de *reduto*, local em que o candidato está protegido dos adversários e de onde provém a força para enfrentá-los.

Embora o ato de planejar pressuponha diversas etapas – como a construção de uma pirâmide, que inicia sempre pela base –, há candidatos que começam a se preocupar com o planejamento de campanha apenas nos últimos meses que antecedem a eleição. Vale salientarmos que agir de maneira instintiva é um hábito que muitas vezes leva à derrota.

O candidato, de modo geral, obtém votos eleitorais mediante alguns fatores, como a força de seu nome (pessoas que o conhecem), sua capacidade de motivar as pessoas, seu passado e sua presença na mídia com aspectos positivos, como o avanço nas intenções de voto (Kuntz, 2006). Portanto, precisa haver um planejamento formal da estratégia de campanha, o qual deve abranger o posicionamento a ser assumido diante dos problemas presentes, as formas de aquisição de recursos etc. Além disso, é importante mencionar questões referentes ao modo como o candidato se apresentará ao público, ao tempo necessário para ele obter a aprovação dos eleitores, à manutenção dos votos já conquistados, enfim, a todos os detalhes que possam ser previstos em um plano estratégico.

> Avanços científicos das mais variadas áreas de conhecimento disponibilizam ferramentas que contribuem para a máxima eficiência da campanha eleitoral. O *marketing* político, por exemplo, possibilita a aplicação de grande rigor científico à campanha, o que propicia ao candidato a busca por diferenciais em relação à concorrência.

Em suma, o planejamento estratégico provê uma visão geral dos recursos necessários à obtenção da máxima eficiência. Portanto, se os elementos de *marketing* eleitoral forem aplicados com racionalidade, com eficácia e de forma científica, a relação custo-benefício de tais recursos será estreitada. Podemos dizer que tal planejamento permite a (re)orientação de ações em prol da candidatura. Por se tratar de um processo dinâmico – visto que fatos novos podem interferir no humor do eleitorado ou, até mesmo, mudar sua opinião com relação ao candidato –, é preciso conhecer, de antemão, esse público e saber o melhor modo de abordá-lo. Em geral, quando ocorrem alterações no meio eleitoral, são necessárias readequações.

Com relação aos recursos, principalmente financeiros, há momentos em que eles se reduzem, tornando a campanha menos agressiva. Quando isso ocorre, a tendência é injetar mais recursos, muitas vezes, sem se analisar o porquê dessa diminuição; é comum eles serem aplicados de uma maneira que não assegura o retorno que deveriam ou poderiam gerar. Tal cenário pode ser comparado a um pneu furado, no qual se injeta ar sem a preocupação de reparar os furos.

Essa situação leva o candidato a contrair dívidas e a esgotar recursos sem o devido aproveitamento. Para a obtenção de resultados satisfatórios, é necessário investigar a absorção de tais recursos e o retorno proporcionado, antes da alocação de mais verbas. Em suma, antes de aplicar mais ar, é preciso consertar o furo.

Ao iniciar a campanha, o candidato precisa ter ciência do ambiente eleitoral que enfrentará e estar consciente das ameaças e das oportunidades que lhes serão apresentadas; desse modo, estará preparado para aproveitar estas e para neutralizar ou minimizar aquelas.

O planejamento antecipado ajuda a poupar recursos, pois o candidato se prepara para aplicá-los adequadamente, com vistas à obtenção de resultados satisfatórios. É preciso prever, por exemplo, a quantidade de pessoal envolvido nos trabalhos, para que não faltem nem sobrem pessoas, isto é, para que ninguém fique sobrecarregado nem ocioso, o que acabaria gerando um custo desnecessário.

Cada integrante da equipe deve exercer suas tarefas com comprometimento e responsabilidade. As atribuições devem ser expostas de forma clara, pois, em uma campanha, há informações e decisões que não podem ser compartilhadas com toda a equipe. Portanto, prevendo tal condição, convém se pensar em uma organização de hierarquia.

Todo o planejamento deve começar em função dos **objetivos** do candidato. Algumas vezes, porém, o foco não é sua eleição imediata, mas a preparação para uma próxima eleição.

(3.3)
Criação de objetivos

Os objetivos podem ser delineados para alcance a curto, médio ou longo prazo. As definições cronológicas dessas divisões são relativas, razão por que não se pode estabelecê-las com precisão. No entanto, é possível afirmar que os objetivos a curto prazo, por exemplo, exigem recursos e esforços mais imediatos do que os objetivos a longo prazo, como mostra o esquema a seguir.

.1 – Formalização do processo de planejamento

Objetivo de curto prazo	Objetivo de médio prazo	Objetivo de longo prazo
(+ ou – 1 ano)	(próximos 3 anos)	(daqui a 5 anos)
ser eleito vereador com votação expressiva na base Y	consolidar e ampliar atuação nas bases X, Y, Z	ser eleito deputado

Fonte: Adaptado de Lima, 2002.

O candidato deve ser muito sincero na criação dos objetivos, tanto consigo quanto com o pessoal que o apoia. É essencial suas intenções serem claras e bem-definidas em curto, médio e, principalmente, longo prazo.

Um grave e frequente erro cometido pelos candidatos chama-se *imediatismo eleitoral*, ou seja, após obterem a vitória nas urnas, eles relegam seus objetivos, o que tem levado a opinião pública a se voltar contra a classe. Contudo, essa atitude pode prejudicá-los eleitoralmente no futuro, obstruindo, assim, uma possível carreira política. Isso decorre da falta de um projeto de longo prazo, característica comum àqueles que não têm o cuidado de estabelecer uma imagem no decorrer do tempo.

Um dos fatores que contribuem para esse tipo de atitude é a ideia de que o povo tem memória curta. Essa percepção se torna retrógrada à medida que a socialização da informação se amplia e o povo volta, cada vez mais, sua atenção para a política, pois percebe que esta se liga à economia do país e, portanto, ao dia a dia dele. Diante desse comportamento do eleitorado, o candidato precisa ter em mente não apenas um planejamento de curto prazo, mas também um de longo prazo, caso almeje uma carreira política. Esse planejamento deve contemplar objetivos consistentes e claros, pois, assim, mais bem planejadas serão a campanha e a continuidade na vida política.

O ambiente eleitoral está em constante mudança, visto que os eleitores estão mais conscientes, mais exigentes e, influenciados pelas informações e pelos novos conceitos de cidadania, mais rigorosos. Portanto, em virtude das alterações do ambiente, assim como dos próprios agentes e da sociedade, uma eleição nunca será igual à outra.

Em determinadas circunstâncias, o candidato pode valer-se dessas alterações – consideradas turbulências – de forma positiva, transformando ameaças em oportunidades, o que representa vantagens para sua candidatura. Tudo dependerá do planejamento prévio e da capacidade de readaptação do candidato, que, com base nos dados armazenados no Sistema de Informação de Marketing Eleitoral (Sime), poderá avaliar cada alteração imediata ou previsível (Lima, 2002). Ele também deve considerar o estabelecimento de alianças eleitorais – o que é muito comum, principalmente entre partidos – e a elaboração de um plano de governo.

Há muitas pessoas envolvidas em uma campanha: assessores, coordenadores, colaboradores, líderes de segmentos, políticos, entre outras. Tais participações, bem como as ações a serem desenvolvidas, precisam ser determinadas antecipadamente. Para dar início a esse planejamento e programar a atuação do grupo na campanha, podem--se promover seminários prévios. Assim, delimitam-se os objetivos e as metas, bem como o desenvolvimento do trabalho de campanha, considerando-se os limites e as possibilidades antevistas.

(3.4)
MARKETINGS POLÍTICO E ELEITORAL

Uma organização política dispõe de diferentes técnicas para conhecer o público e exercer influências sobre ele. É nisso também que o *marketing* político se baseia. Trata-se, mais precisamente, do processo de criar condições meritórias que diferenciem o candidato dos concorrentes, fazendo uso do mínimo possível de recursos. Assim, falar em qualidade do produto é o mesmo que falar em conteúdo do candidato, e o *marketing* é desafiado a provar que tal comparação é viável, real e muito interessante, podendo ser usada para o bem.

O foco do *marketing* eleitoral, por sua vez, é a captação de votos para o candidato ser eleito. Esse trabalho é executado em um curto período de tempo, que se estende somente até o dia da eleição. Além disso, cabe ao *marketing* conquistar a simpatia da população e de lideranças que possam colaborar com a campanha e, ainda, possibilitar a captação de recursos financeiros. A cada dia que passa, esse tempo torna-se mais reduzido, por isso deve ser bem aproveitado desde o início.

Desse modo, podemos inferir que a função do *marketing* é harmonizar, ao máximo, o candidato com o meio, adequando sua imagem ao contexto; isso se dá, em elevado grau, pela utilização dos meios de comunicação de massa e das mídias sociais. Em suma, busca-se detectar os aspectos positivos do candidato, para atingir diretamente os eleitores e garantir-lhe uma expressiva quantidade de votos, e também disfarçar os traços negativos, ou seja, aqueles que causam antipatia do público.

Ao se observar o percurso do *marketing* nas campanhas eleitorais brasileiras, pode-se perceber que a aplicação das técnicas de venda dos produtos é decisiva na construção das alternativas políticas, independentemente da ideologia do partido.

Segundo Lima (2002), no exame do mercado de campanhas eleitorais, é possível perceber os seguintes pontos: aumento significativo na utilização de métodos de pesquisa de opinião e busca frenética por informações junto à população na construção do *marketing* eleitoral de candidatos e de partidos políticos.

Convém ressaltarmos que alguns fatores de uma campanha eleitoral tradicional já não exercem tanto efeito sobre o eleitorado quanto antes e que **novos paradigmas metodológicos de comunicação** se sobressaem, como mostra o Quadro 3.1.

Quadro 3.1 – Aspectos ultrapassados e novas propostas de comunicação eleitoral

Não são mais suficientes para o processo eleitoral	Novas tendências para a comunicação eleitoral
Responder apenas a questões essenciais da população, como saúde, educação e segurança	Analisar profundamente o cenário social e econômico do momento

(continua)

(Quadro 3.1 – conclusão)

Não são mais suficientes para o processo eleitoral	Novas tendências para a comunicação eleitoral
Atacar os pontos considerados fracos dos adversários	Estudar os fenômenos decorrentes dos referidos cenários e, sobretudo, entender as raízes das ansiedades emergentes da população
Criar discursos mirabolantes e utilizar um *slogan* forte	Criar discursos claros, objetivos e com respostas práticas

Fonte: Elaborado com base em Ferreira Junior, 2015.

As tendências do mercado eleitoral estão ligadas a aspectos globais e envolvem não apenas os fatores objetivos, mas também os subjetivos, aos quais o *marketing* deve estar constantemente atento. Portanto, o mercado eleitoral não difere do tradicional no que diz respeito à importância do *marketing* para atingir o público-alvo. Nesse sentido, os profissionais de *marketing* devem conhecer com profundidade o mercado eleitoral e avaliar suas tendências de comportamento.

Como ocorre em outros segmentos mercadológicos, é preciso reunir dados e informações a cada eleição, com o objetivo de compilar aqueles referentes a um extenso período de análise. Assim, é possível perceber a evolução dos candidatos desde tempos passados, bem como as tendências para futuras eleições.

Uma das diferenças entre o *marketing* político e o tradicional é que este último orienta o consumidor, precedendo o produto, ao passo que o primeiro é determinado pelo mercado, ou seja, em vez de atender aos desejos imediatos do público, busca satisfazer os anseios da população em um prazo maior.

O trabalho publicitário, fundamentado no profissionalismo, visa à completa interação entre as diversas fases necessárias ao desenvolvimento de uma campanha publicitária bem-sucedida, cujo objetivo é firmar uma marca, uma ideia, um serviço ou um produto. No tocante à publicidade eleitoral, o consumidor é o eleitor. Atualmente, não basta o candidato apresentar questões de saúde, segurança, transporte e educação, hábito que perdurou por muitos anos. Em virtude da evolução do pensamento dos eleitores, propiciada pela própria educação e pela facilidade de acesso a informações sociais e culturais, a campanha precisa oferecer à população elementos que assegurem que o futuro do país, do estado ou do município será conduzido de forma a satisfazer as necessidades do maior número possível de pessoas.

A escolha de uma frase de efeito é essencial para o candidato fixar-se na mente dos eleitores. Esse *slogan* tem de ser suficientemente forte para o político assumir uma posição de destaque; deve ser uma espécie de identidade da campanha e, ao lê-lo ou ouvi-lo, os eleitores devem reconhecer facilmente o candidato a que se refere.

Assim, todo material publicitário deve identificar o candidato e diferenciá-lo de seus concorrentes. Quando isso ocorre, a chance de ele ser eleito se multiplica.

Para lidar com o público, é indispensável conhecê-lo, ou seja, para criar empatia com os eleitores e, particularmente, saber a quem deve se dirigir, o candidato precisa saber quem são essas pessoas, como pensam e como tomam as decisões de voto (Kuntz, 2006).

Embora a dedicação do candidato e de sua assessoria seja essencial, ela não substitui o planejamento e a organização – pontos de sustentação de uma campanha –, pois a multiplicidade de tarefas e ações torna complexo o processo como um todo. Desse modo, exige-se uma estrutura que contemple as mais variadas necessidades e que seja capaz de coletar informações, armazená-las, processá-las e, de forma ágil e equilibrada, tomar posição diante dos problemas previstos e urgentes, solucionando-os com total eficácia. Com relação às necessidades de acomodação de efetivos humanos e de materiais, o candidato deve ter em mente a tarefa de harmonizar capacidades, funções e áreas de influência, utilizando-se sempre do bom senso.

À medida que as tecnologias avançam, elas acabam por afetar todas as áreas de atuação humana. A política não poderia ficar de fora: a cada dia, as técnicas e as ferramentas aplicadas às campanhas eleitorais tornam-se mais sofisticadas. Em função disso, os indivíduos que almejam um cargo eletivo precisam acompanhar a evolução e agir da forma mais científica possível, fazendo uso das mídias disponíveis na atualidade, de técnicas variadas e de métodos de *marketing*, por exemplo.

Os pleitos eleitorais atraem, cada vez mais, a atenção dos grupos organizados da sociedade civil. O investimento em campanhas eleitorais também se torna maior, visto que cada segmento social demanda mudanças políticas, sociais ou culturais específicas. Portanto, durante o planejamento de uma campanha, devem-se buscar a racionalidade científica, a precisão das informações e a aplicação de quaisquer recursos ou esforços.

3.4.1 Etapas do planejamento de *marketing*

De acordo com Kuntz (2006), o planejamento de uma campanha pode ser dividido em oito etapas:

1. **Avaliação**: Levantam-se todos os dados possíveis, demonstrando uma situação atual. Procura-se identificar, com absoluta clareza, os trunfos e as fraquezas de cada aliado e de cada adversário; a mão que pode se estender para defender é a mesma que pode dar o golpe.

2. **Articulação de alianças**: Verifica-se quantas alianças o partido apresenta e com quantas pessoas pode contar. Para a campanha ser bem-sucedida, cada reduto exige a parceria de um "gerente",

responsável por diversas atividades, como a distribuição do material publicitário e a criação de obstáculos e de estratégias que impossibilitem o crescimento dos adversários. Porém, cada demanda impõe diferentes níveis de custo, de cuidado e de atenção ao longo do desenvolvimento da campanha.

3. **Previsão**: Ocorre a formulação de hipóteses, por meio das quais se projeta a situação para determinado período futuro. Assim, podem-se avaliar os riscos e as oportunidades e, quando necessário, modificar os elementos.
4. **Busca de soluções**: Definem-se alternativas para a resolução dos problemas e a eliminação das barreiras inventariadas na previsão, estabelecendo-se a base para determinada estratégia.
5. **Orçamento**: Após o conhecimento das etapas anteriores, definem-se os instrumentos de comunicação e os serviços profissionais e materiais que serão utilizados durante a campanha, como cartazes, adesivos e *banners*; também se incluem no orçamento custos referentes a comitês, a viagens, ao pagamento de funcionários, entre outros.
6. **Adequação dos meios e dos recursos**: A projeção orçamentária corresponde ao levantamento dos custos necessários para a realização da campanha ideal. Assim, por meio do somatório de todos os itens que a constituem, o candidato tem condições de avaliar o montante de recursos financeiros e humanos que poderá ser utilizado na campanha.
7. **Programação dos fornecimentos e dos recebimentos**: Após se determinar a receita de campanha, elabora-se um cronograma de entrada de recursos e outro de saída de materiais e serviços. Assim, tem de existir uma conciliação entre o que entra e o que sai para que a campanha não desmorone na metade do caminho.

8. **Divisão do plano de ação em etapas:** As ações obedecem a estratégias preestabelecidas, com objetivos de curto e de médio prazo; é necessário respeitar uma periodicidade para reavaliar até que ponto o objetivo está sendo realizado.

Como o planejamento é um conjunto de hipóteses baseadas em probabilidades, é preciso testá-las para se confirmar, ou não, a necessidade de mudar o rumo da campanha.

Para planejar uma campanha, o candidato precisa, primeiramente, responder a duas perguntas: Qual é nossa meta? Como vamos atingi-la? Porém, é necessário pensar em outras duas questões, que determinarão a meta a ser atingida e as estratégias a serem utilizadas: Qual é o mandato pretendido? Quantos votos são necessários para ser eleito?

Apresentamos, a seguir, um roteiro de perguntas que, conforme Kuntz (2006), pode facilitar a execução de um planejamento de campanha:

1. Qual o potencial de votos no bairro, na cidade ou no estado onde o candidato concorre?
2. Qual o potencial do candidato? (Quantos votos já tem?)
3. Quem são seus eleitores e onde o candidato os encontra?
4. Quantos votos faltam para poder ser eleito?
5. Qual a margem de segurança necessária para que seja eleito?
6. Onde o candidato tem mais chances de conquistar votos?
7. Quem são seus concorrentes?
8. Qual a situação deles em relação ao eleitorado?
9. Qual a situação do partido ao qual o candidato é filiado? E dos demais partidos?
10. Quem são os aliados do candidato?
11. Onde atuam e qual a real situação deles?

12. Quantos votos eles podem transferir?
13. Qual a melhor maneira de o candidato manter seus votos e conquistar os que lhe faltam?
14. Quanto custa essa conquista?
15. Quanto o candidato tem à disposição para gastar e de que recursos humanos dispõe?
16. Que quantia lhe falta?
17. Como e onde o candidato pode consegui-la?
18. Quais as reais chances de ser eleito?
19. Quais temas devem constar na plataforma do candidato?
20. Qual o melhor *slogan* para a campanha?
21. Qual o melhor visual?
22. Quais serviços o candidato deve contratar?
23. Com quem o candidato deve efetivar alianças?
24. Como compatibilizar a estratégia do candidato com as adotadas pelos aliados?
25. Onde e quando o candidato deve estar presente?
26. De que forma o candidato pode atingir seu eleitorado?
27. Como controlar o fluxo de recebimentos e de pagamentos da campanha?
28. Como controlar, coordenar e utilizar as informações que lhe chegam?
29. Qual a qualificação da equipe a ser contratada?
30. Como o candidato deve orientar e treinar o pessoal?

É importante destacar que, ao planejar sua campanha, o candidato pode incluir informações a qualquer momento e, se necessário, remanejar as estratégias.

Além de um planejamento com alto grau de organização, uma campanha eleitoral vitoriosa exige motivação por parte de todos os envolvidos e identificação precisa dos anseios populares. Segundo Kuntz (2006, p. 78), o sucesso de uma campanha depende de inúmeros fatores:

- *Pesquisar, analisar e se informar sobre as atuais conjunturas sociais e políticas fazem parte da primeira etapa do planejamento como: situação socioeconômica do município, nível de desemprego, o "quadro político" atual e dos últimos anos, o número de eleitores por faixa etária e escolaridade, quantos votos a sua campanha irá precisar em tal bairro [...]. Essas são ações estratégicas iniciais para um planejamento de campanha, que dependem totalmente da verba que a campanha dispõe;*
- *Quantificar o número de apoiadores e cabos eleitorais por meio de um banco de dados, exigindo também dos cabos eleitorais trazerem nomes, endereços, telefones e monitorarem as pessoas que entrarão em contato direto com o candidato no período da pré-campanha e a campanha;*
- *Ter à disposição profissionais bem-qualificados, orientar as questões jurídicas, publicitárias, de relações públicas, TV, rádio e demais meios de comunicação. Ao obter uma ajuda profissional, criar informativos, contar toda a trajetória de vida e distribuir aos eleitores, como uma estratégia de pré-campanha;*
- *É necessário que se crie um cronograma de atividades para que as obrigações possam ser levadas a sério no dia a dia, semanal e mensalmente, na conquista de novos apoios sociais e políticos. Assim, são poucos os candidatos que são organizados e aproveitam as fraquezas dos seus concorrentes. A organização acaba por nortear as ações e ajuda a avançar mais no meio do povo sem que os concorrentes percebam, pois faz com que o candidato não perca tempo em determinados lugares ou deixem de visitar locais e pessoas estratégicos.*

Com a profissionalização das campanhas eleitorais, deve-se manter a atenção redobrada, pois elas são capazes de apontar o caminho que a equipe e o candidato devem trilhar até o dia da eleição. É essencial que o candidato tenha o próprio planejamento de campanha, imprimindo maior dinamismo ao processo, pois, caso surja alguma dúvida com relação às direções a serem seguidas, ele poderá esclarecê-la.

Apesar de o objetivo de qualquer sistema ser a otimização, fatores adversos podem contribuir para a ocorrência de falhas. Em uma campanha eleitoral, não é diferente, porém, se houver um planejamento adequado, alguns equívocos poderão ser previstos e aqueles que fazem parte das variáveis não controláveis, ou seja, que são aleatórios, poderão ser sanados de imediato pela racionalidade. No entanto, qualquer falha no processo pode render material para o adversário ou, até mesmo, reduzir a popularidade do candidato.

Quando a campanha é mal organizada, o candidato ou os membros de sua equipe podem, por ansiedade, privilegiar a emoção em detrimento da razão, deixando de enxergar a realidade que os cerca. Por vezes, chegam a espalhar que a campanha está ganhando volume e que tudo está caminhando da melhor maneira possível.

Esse clima otimista é normal, mas é aparente, momentâneo, vulnerável e perigoso, pois o candidato não consegue mantê-lo por muito tempo e acaba demonstrando seu desespero. No ambiente complexo e hostil de uma eleição, o qual está em efervescência e em constante mutação, logram sucesso aqueles candidatos que conseguem reagir rapidamente aos reveses ocasionados pelas ameaças, muitas vezes não previstas. O planejamento contribui para que eles estejam preparados para enfrentar até mesmo situações inusitadas ou inesperadas.

No planejamento, elabora-se uma espécie de mapa, por meio do qual o candidato pode realizar uma "viagem" mais segura ao longo da campanha. Ele apresenta informações importantes, por exemplo, como chegar até seus alvos de forma mais segura; as distâncias físicas e eleitorais de seus adversários; e os caminhos que devem ser desviados, pois representam ameaças. Esse plano será constantemente revisado e atualizado, pois precisa disponibilizar informações sobre o passado e o presente e apontar possibilidades futuras.

O planejamento envolve até mesmo a comunicação entre os membros da equipe, a fim de agilizar o entendimento entre eles e, consequentemente, as ações a serem desenvolvidas. Isso, certamente, contribui para a diminuição do tempo destinado a reuniões, o qual pode ser dedicado a outras atividades.

Todavia, o custo para se executar um bom plano de pesquisa é alto, o qual deve ser incluído no orçamento da campanha, razão por que, muitas vezes, acaba sendo deixado de lado. Alguns candidatos preferem gastar os recursos de que dispõem em carros, panfletos e cabos eleitorais; porém, se suas estratégias não estiverem corretas e se não conhecerem as reais necessidades e aspirações da população, estarão desperdiçando dinheiro.

Durante a campanha eleitoral, um meio eficiente para o candidato ampliar o raio de ação entre os públicos secundário e indireto é a formação de alianças, notadamente quando o intuito é penetrar em redutos muito fechados, como comunidades de imigrantes ou certas regiões geográficas. Contudo, antes de buscar uma aliança, é necessário verificar a possibilidade de grupos de eleitores se sensibilizarem com a atuação do candidato e suas propostas. O passo seguinte é avaliar o poder de cada um de seus adversários sobre o grupo em questão. Assim, o candidato poderá perceber se há chances de angariar uma parcela desses eleitores.

Nesse sentido, caso perceba vantagens, o candidato poderá procurar, no próprio partido, outros postulantes cuja candidatura não conflite com a dele e propor a aliança, desde que suas bases eleitorais não sejam afetadas negativamente; afinal, o objetivo é fortalecer sua campanha, mantendo seu eleitorado e ampliando a quantidade de votos em outros redutos. O candidato faz, então, contato com quem deseja aliar-se para verificar se também existe interesse por parte dessa pessoa, bem como se há compatibilidade de ideologias e propostas. Quanto mais as ideias de um se aproximarem das do outro, maior a possibilidade de estabelecerem uma **aliança**, o que garantirá benefícios eleitorais para ambos.

Caso a aliança se concretize, eles precisarão empenhar-se a seu favor em todos os sentidos. Em muitos casos, um dos candidatos fornecerá mais recursos materiais que o outro, os quais virão em forma de material pronto, e não de dinheiro, para se garantir que realmente serão aplicados à campanha. Também é importante que combinem uma padronização visual do material, assegurando unidade a ele.

A confiança entre os aliados é fundamental para o estabelecimento de acordos entre eles. É muito comum candidatos ao cargo de vereador ou de prefeito alinhavarem alianças com candidatos ao cargo de senador ou de deputado, principalmente em eleições intercaladas, como ocorrem atualmente no Brasil.

No que se refere à obtenção de votos, é muito vantajoso para os novos candidatos estabelecer alianças com aqueles mais experientes, visto que estes já contam com um eleitorado. Muitas vezes, graças a uma aliança, o candidato acaba angariando votos em nichos eleitorais que, supostamente, estariam fora de seu alcance.

A etapa final do planejamento de *marketing* eleitoral é a avaliação, com vistas a mensurar capacidades e possibilidades e alavancar a campanha. No entanto, a conclusão do ciclo não significa o encerramento do processo, pois, após a avaliação, ele reinicia e são realizadas correções, com vistas à melhoria e ao afinamento da campanha e à harmonização dos candidatos com os eleitores. Portanto, o monitoramento de cada ação e de seus efeitos deve ser constante, adaptando-se, assim, ao cenário, que se renova com frequência.

(3.5)
SISTEMA DE AVALIAÇÃO DE CAMPANHA

Quando se trata de uma campanha, o candidato necessita implantar um sistema de avaliação, pois, só assim, poderá compreender se está no caminho certo ou se existem alterações a serem realizadas.

De acordo com Lima (2002), a organização do sistema de avaliação é composta de quatro processos:

a. *Definição do que vai ser avaliado, através da fixação de parâmetros e padrões coerentes com o objetivo primordial da campanha, bem como os critérios de quantificação [...]. Basicamente trata-se de tentar mensurar o nível de intenção de voto no candidato, a firmeza dessa intenção [...] e quais as restrições que o eleitor tem em relação à plataforma/imagem pessoal, bem como o que ele aprova em relação a esses itens.*

b. *A medida dos resultados, através do confronto entre os resultados desejáveis e os alcançados. Um exemplo a nível operacional pode ser a presença do público em um comício do candidato.*

c. *A análise da situação é feita quando se buscam as razões pelas quais os resultados obtidos não estão de acordo com os esperados, tanto para melhor como para pior, já que no fundo o que se busca é medir o grau de eficiência e adequação do plano. Um dos maiores problemas para a realização de uma análise bem feita reside na quantidade e qualidade de informação disponível. Basicamente pode-se utilizar: as pesquisas de opinião (apesar do fator custo, continuam sendo o principal e mais confiável instrumento de análise), as informações dos adversários [...], a imprensa especializada [...] e os correligionários [...].*

d. *A ação corretiva é dada pelo conjunto de procedimentos, adotados em função da análise anterior, que vai procurar sanar as falhas levantadas pelo sistema da avaliação. Normalmente, para se tomar a medida corretiva íntegra, devem ser considerados três aspectos: se a implementação do plano está correta, se o plano em si contém algum defeito [...] e, finalmente, caso não sejam detectados problemas junto às fases anteriores da investigação, o que pode ocorrer é que os objetivos não sejam válidos ou tenham se tornado rapidamente desatualizados devido a um ambiente drástica e rapidamente modificado.*

Portanto, é preciso escolher cuidadosamente a pessoa que assumirá a implantação e o controle do sistema, tarefas que serão realizadas em conjunto com o coordenador de campanha e com o próprio candidato. Com base na análise dos resultados, eles decidirão quais correções ou alterações farão, quando e como. Também serão responsáveis por cobrar da equipe de trabalho o atingimento de resultados e metas, os quais devem ser conhecidos por todos com antecedência.

Quadros demonstrativos de evolução, contendo dados sintéticos e de simples entendimento, podem ser utilizados para o acompanhamento da campanha. Esse tipo de controle pode ser usado, ainda, para incentivar o pessoal, na medida em que demonstra os avanços conquistados e as metas superadas, isto é, os resultados obtidos. Desse modo, a equipe pode perceber que seu trabalho está sendo acompanhado e valorizado.

No tocante ao orçamento, o controle deve ser mais acurado, relacionando, com a máxima precisão, os valores orçados para determinadas ações de campanha ao que realmente foi aplicado nelas; assim, é possível verificar se o orçamento está seguindo a previsão ou se está acima ou abaixo do esperado. Em caso de sobras financeiras, elas podem ser redirecionadas a outros setores ou a outras ações; porém, se há falta, é preciso definir o porquê desse problema e providenciar a correção rapidamente.

Volumes expressivos de sobra ou de falta de dinheiro em determinados pontos da campanha podem traduzir a ocorrência de graves erros, como a superestimativa ou a subestimativa de valores, cálculos equivocados, a não aquisição de certos materiais ou serviços e o não desenvolvimento de algumas ações.

Embora esteja logicamente posicionada ao final do processo, a avaliação deve ser executada em todos os momentos, pois grande parte das mudanças não são previsíveis. Isso enfatiza a necessidade de a situação geral e as situações específicas serem examinadas a todo instante e reajustadas de acordo com o que se verificou, atitude que acarreta benefícios à campanha.

(3.6)
A BOA COMUNICAÇÃO

Atualmente, a internet é um dos meios mais baratos e populares para a divulgação de candidatos a cargos eletivos. Cada candidato precisa ter um *site* destinado exclusivamente à campanha, no qual deve expor sua biografia, suas propostas e uma linha direta para os eleitores terem acesso às informações.

Toda ação de comunicação deve ser minuciosamente planejada e, dependendo dos resultados obtidos, as estratégias podem ser redirecionadas, ou seja, a campanha deve ter atitude para remanejar seu rumo. É fundamental uma militância pulsante e vibrante, com movimentação, balançar de bandeiras, carros de som, adesivos nos automóveis, *botton* na roupa, pintura no rosto etc.

É importante o coordenador ter todo esse pessoal mapeado para poder movê-lo com rapidez, de acordo com a necessidade da campanha. Isso também ajuda a planejar o investimento nessa ação e potencializa aparições do candidato em determinados eventos.

Convém ressaltarmos que uma campanha vitoriosa se inicia com um planejamento criterioso, com metas definidas a curto e a longo prazo, o qual deve ser elaborado antes do período eleitoral. O planejamento aponta, de maneira rápida e econômica, o caminho que o candidato deve percorrer para chegar ao poder. O calendário ideal para qualquer político é organizado em três fases:

1. de outubro do ano anterior ao pleito até maio do ano da eleição;
2. de maio a julho do ano da eleição;
3. do início do período oficial de propaganda até o início da campanha eletrônica de rádio e televisão.

A primeira fase do planejamento é marcada por:

- definição da estratégia eleitoral;
- diagnóstico do governo atual (pesquisas qualitativa e quantitativa);
- demandas para os próximos governos (pesquisas qualitativa e quantitativa);
- estudo de imagem do pré-candidato;
- monitoramento quanto ao nível de conhecimento, intenção e potencial de voto e rejeição (pesquisa quantitativa).

Fazem parte das outras fases as seguintes ações:

- pré-teste do material de campanha (pesquisa qualitativa);
- monitoramento quanto ao nível de conhecimento, intenção e potencial de voto e rejeição (pesquisa quantitativa).

Nas campanhas *on-line*, há diferentes formas de atrair os potenciais eleitores, como a produção de *e-books* e *blogs*; conversas com os visitantes por meio de *landing pages*, para dar início ao relacionamento; e conversas por *e-mails marketing*. Assim, é possível filtrar os indivíduos que demonstraram real interesse pelas propostas do candidato e fidelizá-los.

No entanto, muitos candidatos utilizam as redes sociais para pedir votos, o que acaba gerando uma resposta negativa do público. Por esse motivo, postar conteúdos que aproximam o candidato dos eleitores revela a intenção de transformar a realidade deles, mostrando-lhes que compartilha de suas mazelas e que tem soluções a apontar.

Modelos de análise e de avaliação podem ser úteis à campanha. O 5S, por exemplo, pode contribuir para a definição do posicionamento de foco, das propostas e da imagem do candidato e da própria campanha. Para se conduzir uma campanha de *marketing* com otimização dos resultados, é necessária a realização de um completo diagnóstico do mercado eleitoral.

Outro excelente aliado no planejamento da campanha e do *marketing* é a análise SWOT[2], a qual evidencia o ambiente interno, com suas **forças** (pontos com que o candidato pode contar) e **fraquezas** (pontos que podem prejudicar a campanha), e o ambiente externo, com suas **oportunidades** (elementos positivos à campanha) e **ameaças** (elementos negativos à campanha). Geralmente, os elementos do ambiente interno podem ser controlados e os do ambiente externo não.

---

2 Essa ferramenta, voltada à análise de cenário (ou análise de ambiente), é usada como base para a gestão e o planejamento estratégico de uma corporação ou empresa. Porém, devido a sua simplicidade, pode ser útil a qualquer tipo de análise de cenário, desde a criação de um blog até a gestão de uma multinacional.

Quando utilizadas regularmente, essas ferramentas permitem um acompanhamento eficiente das variações do mercado eleitoral, em todas as suas nuances, bem como da evolução dos cenários político, social e econômico.

A SWOT pode tanto abranger o global do trabalho de campanha quanto ser executada de forma setorizada, ficando a escolha a cargo de cada grupo. De forma simplificada, esse instrumento se caracteriza pelos elementos presentes no Quadro 3.2 a seguir.

Quadro 3.2 – Modelo simplificado da análise SWOT

Ambiente interno	Ambiente externo
Forças	Oportunidades
Fraquezas	Ameaças

Segundo Kuntz (2006, p. 295), o planejamento de uma campanha deve considerar a existência de cinco grupos de eleitores:

1. *Cristalizados a favor: eleitores que certamente votarão no candidato. Esse grupo representa custo menor, tanto em tempo como recursos. São os eleitores que conhecem bem o candidato, não o rejeitam e até o defendem, ou promovem seu nome de forma espontânea. Então, a chance de voto é bem maior aqui e o investimento deve ser de manutenção desses eleitores;*
2. *Inclinados a favor: eleitores que poderão votar no candidato. São aqueles que conhecem o candidato e admitem a possibilidade de votar nele, porém sem muita convicção. São os eleitores que precisam de mais informações, querem mais referências e motivos para definir o voto a favor do candidato. Existe chance de voto desde que haja investimento em comunicação, relacionamento ou motivação;*

3. *Indefinidos: eleitores indecisos, que podem estar nessa posição por dúvida, desconhecimento ou desinteresse, em relação aos candidatos, às eleições ou à política. É um grupo que pode decidir uma eleição, especialmente quando a disputa é acirrada. Sendo a indefinição decorrente de falta de informação ou mero desconhecimento dos candidatos, quem chegar primeiro pode conquistar esse voto. Alta chance de voto com trabalho de abordagem e convencimento;*
4. *Inclinados contra: eleitores que poderão votar em um candidato concorrente. São aqueles que conhecem um candidato adversário, simpatizam com ele e admitem a possibilidade de votar nele. Os eleitores desse grupo até podem mudar de opinião, mas será necessário um esforço enorme de convencimento. Relação custo/benefício apertada, recomendando cautela no investimento em busca de votos duvidosos;*
5. *Cristalizados contra: eleitores que certamente votarão em candidato adversário. Não vale a pena investir nesse grupo. São os eleitores que simplesmente rejeitam os seus nomes ou conhecem bem outro candidato e até fazem a defesa dele de forma espontânea. Então, a chance de mudarem o voto é praticamente nula, e somente circunstâncias externas de grande impacto poderiam fazê-los mudar de opinião;*

Os inclinados a favor e os indefinidos são os dois grupos nos quais devem ser concentrados os maiores esforços da campanha. O target, ou eleitorado alvo, é aquele que quantitativamente pode produzir os votos necessários para eleger o candidato.

Essa segmentação dos eleitores possibilita uma análise mais acurada das características de cada grupo e do modo como elas se interseccionam. Variáveis demográficas, sociais, políticas e de atitude, trabalhadas por pesquisas quantitativas, proporcionam uma visão clara no que diz respeito à localização e à quantificação do eleitorado.

Assim, o candidato pode saber onde está e como vive cada eleitor e o que cada um pensa e almeja dos candidatos. Além de poderem ser utilizados para a aquisição de votos, esses elementos permitem uma campanha quase personalizada e com grande economia de recursos.

A estratégia corporativa significa uma tentativa de alterar o poder com relação aos competidores e, assim, identificar os pontos fortes e os pontos fracos do candidato, bem como as oportunidades e as ameaças do meio ambiente, possibilitando a elaboração de objetivos, táticas e ações que o tornem mais competitivo na disputa eleitoral.

Mesmo com o propósito de descobrir as fraquezas dos concorrentes, é importante lembrar que, quando incitados, eles tendem a reagir; por isso, torna-se imprescindível prever seus movimentos e planejar ações alternativas para que tudo ocorra de maneira eficaz.

O sucesso de uma campanha eleitoral está relacionado a inúmeros fatores: recursos humanos e materiais, exposição pública, crenças, esperanças, entre outros. Além disso, requer o cumprimento dos compromissos assumidos com muitas pessoas e organizações, sempre pautados em questões éticas, o que validará os esforços e as energias de todos os envolvidos nessa tarefa.

Um dos temas mais presentes na imprensa é o **custo das campanhas**. Porém, poucos veículos divulgam matérias dignas e isentas, e muitos candidatos apresentam valores que não condizem com o que realmente foi gasto.

O custo de uma campanha depende da estratégia a ser adotada e do público-alvo. Se o candidato já for conhecido pela população, gastará menos do que um novato no meio político. Entretanto, se for radialista, apresentador de televisão, artista ou jogador de futebol, por exemplo, haverá inúmeros interessados em financiar sua campanha, pois a chance de pessoas conhecidas serem eleitas é muito maior. Nesse sentido, governantes e ex-governantes quase sempre têm financiadores garantidos, os quais, ao sentirem que a chance de aqueles serem eleitos é pequena, não injetam dinheiro na campanha, mas sim em suas contas bancárias.

Assim, as características históricas e culturais das comunidades influenciam os gastos eleitorais em determinadas regiões do país. Locais em que a população acaba se acostumando com um papel assistencialista e paternalista e com o clientelismo se tornam currais eleitorais.

Para o ingresso na política, é necessário planejar cada detalhe operacional da campanha. O principal objetivo de qualquer campanha eleitoral é a vitória de pessoas, de ideias ou de propostas e, para que ela se concretize, é preciso dosar instrumentos e estratégias para atender a estas premissas (Kuntz, 2006):

- propagar suas ideias, suas propostas e seus posicionamentos de modo mais adequado que seus concorrentes;
- demonstrar que os benefícios e as vantagens que oferece são mais interessantes;
- manter uma boa imagem e o melhor índice de memorização possível entre a opinião pública;
- demonstrar simpatia, afinidade com os eleitores e boa vontade em atender a seus anseios;
- conquistar adesões, convencendo pessoas e arregimentando seu apoio ao movimento;
- motivar as pessoas com vistas a conseguir maior mobilização.

Porém, propagar ideias e convencer, conquistar, motivar e administrar pessoas em curto espaço de tempo são tarefas que exigem custo muitas vezes elevado. Os valores variam de acordo com a estrutura operacional, os recursos humanos e a base de ação social ou política com quem o candidato conta. A criatividade e o senso de oportunidade também interferem no preço final de determinado movimento. É fundamental para a fixação de custos ter em mente que toda ação gera uma reação, assim como cada vitória se contrapõe a uma derrota.

Nas campanhas eleitorais, o planejamento de materiais e serviços é primordial, podendo representar uma economia substancial no valor total dos investimentos, além de assegurar maior tranquilidade e segurança ao candidato no decorrer de sua caminhada.

Assim, um planejamento benfeito pode auxiliar a arregimentação de apoios e de recursos financeiros, muito disputados pelos candidatos. Uma boa apresentação da campanha, por sua vez, reforça a imagem de organização, o que pode levar a candidatura a uma vitória.

O arregimento de apoios nada mais é do que vislumbrar ações e posições de grande visibilidade eleitoral, com vistas a sensibilizar parcelas da população, grupamentos e forças para a geração de práticas mais organizadas e efetivas. Os apoios direcionam-se naturalmente àqueles que detêm as soluções ou os posicionamentos articulados para tal, com alta capacidade de arregimentação de capital humano, informações e técnicas. Podemos dizer que atuam como o oxigênio e o sangue no planejamento vitorioso de uma campanha eleitoral. Assim, todo apoio agrega novas energias e notícias positivas para a campanha, o que acaba por gerar mais votos e referências, além de recursos financeiros.

Estudo de caso

Pros reúne pré-candidatos a vereador para discutir plano estratégico eleitoral

[...]

A Direção da Comissão Municipal do PROS (Partido Republicano da Ordem Social) se reuniu na noite desta terça-feira (19) [...] com os pré-candidatos a vereador do partido para discutir a elaboração de um planejamento estratégico visando à eleição municipal deste ano. O PROS tem um chapa de 46 pré-candidatos aptos para a disputa eleitoral, sendo 35 homens e 11 mulheres.

"A reunião serviu para discutir o nosso planejamento eleitoral que tem como tema: Qualificar para melhor legislar. O planejamento será aplicado através de reuniões que busquem preparar nossos concorrentes para a batalha eleitoral, mas, principalmente, buscando qualificá-los para que, sendo eleitos, possam realizar um bom trabalho como legislador municipal", disse o vereador Dilemário Alencar, presidente do PROS em Mato Grosso.

Nas reuniões da programação do planejamento do PROS, os pré-candidatos terão dicas de como potencializar suas candidaturas para uma campanha bem-sucedida, com dicas de como organizar a campanha na área de marketing e de mobilização. Receberão cursos de oratória e palestras com advogados e contadores com experiência no ramo eleitoral. Também participarão de seminários de qualificação para saber sobre os deveres do vereador e de conhecimento sobre a lei orgânica do Município e do Regimento Interno da Câmara de Vereadores.

"O nosso propósito é promover formação política e qualificação para os nossos pré-candidatos. Eles devem saber que o principal papel de um vereador é o de fiscalizar os atos do poder executivo, intermediar as demandas das comunidades e de promover boas leis que visem buscar a construção de uma sociedade mais justa e igualitária. Estamos muito satisfeitos, pois apesar do pouco tempo que estamos à frente do PROS, conseguimos constituir uma chapa de homens e mulheres que representam vários segmentos da nossa sociedade. Com certeza, vamos eleger vereadores e vereadoras que estão comprometidos com a execução da boa política", afimrou [sic] o vereador Dilemário.

MÍDIA News

Fonte: Pros..., 2016.

Síntese

Neste capítulo, enfatizamos a importância de um bom planejamento para o êxito de uma campanha eleitoral. A população precisa conhecer o candidato, suas propostas, sua plataforma e sua bandeira; para isso, cabe a ele definir a melhor maneira de essas informações chegarem aos eleitores, sempre visando à obtenção de votos.

O planejamento estratégico – ponto crucial da campanha – estabelece os caminhos a serem percorridos pelo candidato e as ações a serem executadas por ele; desse modo, pode levá-lo tanto ao sucesso quanto ao fracasso. Na prática, além de auxiliar a comunicação entre o candidato e os eleitores, foca em uma estratégia que o torne conhecido, a fim de transformá-lo em uma opção de voto do grande público.

Questões para revisão

1. O planejamento de uma campanha é o divisor de águas entre seu sucesso e seu fracasso, e conhecer os diversos grupos de eleitores é essencial para dar foco àquilo que se planeja. Por exemplo, há um grupo de eleitores que poderão votar em

determinado candidato. Eles o conhecem e admitem essa possibilidade, porém sem muita convicção. Precisam de mais informações, querem mais referências e motivos para definir tal voto. Existe chance de voto, desde que haja investimento em comunicação, relacionamento ou motivação.

Os eleitores descritos são definidos como:
a) indefinidos.
b) inclinados a favor.
c) inclinados contra.
d) cristalizados contra.
e) cristalizados a favor.

2. Quando se fala em planejamento, não se pode deixar de lado as ferramentas de suporte à elaboração dele. É o caso da matriz SWOT. Analise as afirmativas a seguir e marque (V) para as verdadeiras e (F) para as falsas:
( ) Na matriz SWOT, forças e fraquezas são pontos internos ao candidato.
( ) Na matriz SWOT, forças e fraquezas são pontos externos ao candidato.
( ) Na matriz SWOT, um concorrente muito forte é considerado uma ameaça ao candidato.

Assinale a alternativa que apresenta a sequência correta:
a) V, V, V.
b) V, V, F.
c) V, F, V.
d) F, V, F.
e) F, F, V.

3. O planejamento de uma campanha pode ser dividido em oito momentos, que vão desde a avaliação inicial até a divisão do plano de ação em etapas. Sobre essas etapas, marque (V) para as afirmações verdadeiras e (F) para as falsas:

( ) Previsão: Definem-se alternativas para a resolução dos problemas e a eliminação das barreiras inventariadas na previsão, estabelecendo-se a base para determinada estratégia.

( ) Orçamento: Após o conhecimento das etapas anteriores, definem-se os instrumentos de comunicação e os serviços profissionais e materiais que serão utilizados durante a campanha, como cartazes, adesivos e *banners*; também se incluem no orçamento custos referentes a comitês, a viagens, ao pagamento de funcionários, entre outros.

( ) Programação dos fornecimentos e recebimentos: Após se determinar a receita de campanha, elabora-se um cronograma de entrada de recursos e outro de saída de materiais e serviços. Assim, tem de existir uma conciliação entre o que entra e o que sai para que a campanha não desmorone na metade do caminho.

Assinale a alternativa que apresenta a sequência correta:
a) V, V, V.
b) V, V, F.
c) V, F, F.
d) F, V, V.
e) F, F, V.

4. Quais são os benefícios de se trabalhar de forma planejada em uma campanha eleitoral?

5. O que diferencia o *marketing* político do *marketing* eleitoral?

Para saber mais

Para se aprofundar nos assuntos tratados neste capítulo, confira a sugestão a seguir:

FERREIRA JUNIOR, A. B. **Marketing político**: vantagens do planejamento da comunicação em campanhas eleitorais.
110 f. Dissertação (Mestrado em Engenharia de Produção) – Universidade Federal de Santa Catarina, Florianópolis, 2003.

Perguntas & respostas

1. Quando o planejamento deve ser elaborado?
Resposta: O trabalho de planejamento deve ser iniciado com o máximo de antecedência possível.

2. Como deve ser o envolvimento das pessoas no planejamento?
Resposta: Não se deve centralizar o planejamento em um só indivíduo, ou seja, é importante a participação de várias pessoas com conhecimento de causa ou próximas do candidato. Desse modo, evita-se a existência de apenas um ponto de vista para a realização de análises e a tomada de decisões.

3. Como o candidato deve atuar no planejamento?
Resposta: É importante que haja, por parte do candidato, um planejamento formal da estratégia geral da campanha, esclarecendo quais são seus objetivos e como pretende se posicionar diante dos problemas. Também deve pensar na melhor forma de estabelecer contato com os eleitores, em suas aparições públicas e nos demais elementos de interesse. Além disso, deve expor seus recursos de tempo e materiais. Esse planejamento será refinado em conjunto com sua equipe de trabalho.

Capítulo 4
Pesquisa de opinião

Conteúdos do capítulo:

- Importância de se realizar uma pesquisa eleitoral.
- Pesquisas qualitativa e quantitativa.
- Captação de resultados.

Após o estudo deste capítulo, você será capaz de:

1. realizar pesquisas eleitorais;
2. elaborar questionários para a aplicação de pesquisas quantitativas;
3. reconhecer a importância de pesquisas para um bom desempenho eleitoral.

Uma campanha sem o auxílio de pesquisas é inimaginável. Cada vez mais competitivas, as disputas eleitorais necessitam delas para mensurar as demandas sociais, o desempenho do candidato nos discursos televisivos ou nos comícios, a adequação da plataforma, enfim, uma série de fatores igualmente importantes.

As pesquisas tornam-se um instrumento de cobertura jornalística no período de campanha e servem de parâmetro para os partidos políticos avaliarem como estão caminhando. Da mesma forma, ajudam a população a analisar as chances de o candidato de sua preferência ser eleito.

(4.1)
Primeira fase da campanha

Após a estrutura do eleitorado ser claramente definida, é preciso analisar a quantidade de votos oferecida pelos segmentos identificados. O custo desse procedimento é baixo, pois diversos dados são disponibilizados pela Fundação Sistema Estadual de Análise de Dados (Seade) ou pelo Instituto Brasileiro de Geografia e Estatística (IBGE), em nível de variáveis geográficas e demográficas.

As regiões com maior importância no contexto estadual, como as metropolitanas, que congregam vários municípios, detêm um conjunto muito grande e útil de informações, as quais podem ser utilizadas diretamente ou por meio de resultados cruzados. Isso aumenta a possibilidade de segmentação do conjunto de eleitores e de avaliação das necessidades prementes em cada região, considerando-se fatores como densidade demográfica, renda familiar, crescimento e mortalidade da população, saneamento básico, energia elétrica, uso do solo, transporte público e vias de acesso e serviços de saúde.

No entanto, percebe-se uma dificuldade maior para se obterem dados políticos e psicográficos da população, os quais são mais evidenciados em **pesquisas orientadas**, desenvolvidas por institutos que se dedicam a esse tipo de serviço. Tais pesquisas são encomendadas, normalmente, por indivíduos desejosos de informações – por exemplo, um candidato que contrata um instituto para buscar dados de seu interesse. A principal vantagem desse tipo de pesquisa é ela ser pontualmente dirigida às necessidades do postulante, possibilitando-lhe acesso àquilo que realmente deseja saber. Convém também avaliar informações contidas em publicações diversas, como jornais locais, revistas e estudos publicados, que podem facilitar a aquisição de informações.

Com a **segmentação** adequada da população eleitoral e a **apropriação de informações** acerca de cada segmento, o candidato pode começar a planejar o modo como abordará as necessidades e os anseios dos grupos, assumindo um posicionamento definido diante de cada um deles, o que é fundamental para a campanha.

Entre as ferramentas de que o candidato a cargo eletivo pode lançar mão, a pesquisa é a mais eficiente e confiável, pois pode estabelecer as estratégias de campanha com base nos dados identificados pelo levantamento. Nesse meio, a decisão intuitiva ou empírica por essa ou por aquela ação é temerária; é inconcebível que, em tempos nos quais a exatidão da informação é crucial em qualquer setor de atividade, um candidato se atire a uma campanha eleitoral sem o devido respaldo da pesquisa.

Contudo, o candidato que ainda não está familiarizado com pesquisas de opinião pública precisa vencer uma série de receios, pois a confiança entre quem compra e quem realiza a pesquisa é fundamental. Convém destacarmos que há poucos institutos confiáveis desvinculados totalmente de grupos políticos ou de agremiações partidárias.

Segundo Lima (2002), os objetivos mais evidentes ao se efetuar um **mapeamento social** são:

- investigar as principais demandas e frustrações da população;
- aferir a avaliação geral da atual administração, detalhando os pontos fortes e os pontos fracos da atual gestão;
- mapear os temas mais presentes na agenda;
- conhecer os níveis de interesse para as eleições.

De acordo com o mesmo autor, no que diz respeito ao **mapeamento do contexto político**, os principais propósitos são:

- realizar o levantamento da intenção de votos, tanto estimulada quanto espontânea[1];
- identificar a preferência e a rejeição a partidos e a grupos políticos.

Assim, concluímos que a pesquisa pode trazer informações valiosas ao *staff* do candidato, contribuindo para as estratégias da campanha.

(4.2)
Segunda fase da campanha

A meta é a máxima harmonização entre o político e os potenciais eleitores, os quais conhecerão suas aspirações, sua história de vida e seu pensamento sobre diversos assuntos. O objetivo é a criação de um vínculo de empatia com o postulante ao cargo; para tanto, o discurso

---

1   Essa questão será aprofundada na Seção 4.5.

do candidato precisa condizer com o que os eleitores pensam e com aquilo a que aspiram.

Nessa fase, é preciso haver uma mensuração de fatores comuns aos candidatos, traçando-se um paralelo entre eles para detectar possíveis diferenças e proceder às necessárias correções para que um avance em relação aos outros na preferência do público.

Conforme Lima (2002), para visualizar o panorama da concorrência, é necessário:

- aferir o potencial e a rejeição de votos;
- levantar os pontos fracos e os pontos fortes de cada candidato e de cada partido;
- associar cada candidato e cada partido aos diversos grupos sociais;
- relacionar cada candidato e cada partido a propostas e a soluções.

Dessa forma, é possível verificar o impacto da imagem do candidato entre seu eleitorado e acompanhar quaisquer variações nesse sentido, o que pode exigir alterações em seu discurso.

(4.3) Terceira fase da campanha

Para Lima (2002), é de capital importância nessa fase:

- realizar um acompanhamento das intenções de voto dos candidatos;
- avaliar a evolução da imagem dos candidatos durante a campanha;
- medir continuamente a adesão a temas novos que surjam durante a campanha;
- testar a aceitação de propostas e de programas de governo.

Assim, o candidato saberá a posição dos eleitores com relação a sua campanha e à de seus concorrentes e poderá tomar outros rumos, se necessário.

(4.4)
MÉTODOS DE PESQUISA

O *marketing* político necessita de pesquisas qualitativas e quantitativas para saber a aceitação de determinado candidato. A **qualitativa**, muito mais barata que a quantitativa, é importante para o fornecimento de subsídios e a formulação de hipóteses, as quais, muitas vezes, podem justificar certas decisões, simpatias, rejeições etc. A possibilidade de o resultado desse tipo de pesquisa ser verdadeiro, expressando os sentimentos ou as razões de uma sociedade, é de 50%. Ela detecta **aspectos subjetivos**, que motivam opiniões e sensações, mas que não foram claramente expressos, pois ainda estão no subconsciente do indivíduo.

Diferentes técnicas constituem a pesquisa qualitativa, como entrevistas individuais em profundidade, normalmente realizadas com formadores de opinião verticais, ou seja, pessoas que têm a oportunidade de se expressarem para um vasto grupo de eleitores, e grupo focal, isto é, coleta de dados por meio de discussões grupais acerca de determinado assunto.

A pesquisa **quantitativa**, por sua vez, usa amostras maiores e representa proporcionalmente uma sociedade; embora apresente um índice mais elevado de certeza, não capta as emoções e as opiniões de forma clara.

Em uma primeira fase, aplica-se a pesquisa qualitativa – em grupos focais –, com o objetivo de perscrutar a mente dos eleitores para obter hipóteses preciosas e únicas, que serão testadas na segunda fase, de forma quantitativa, resultando, assim, em uma pesquisa quali-quanti.

Por meio da realização de pesquisas, podem-se estabelecer estratégias que orientem o *marketing* político do candidato, para que ele possa afinar sua imagem e sua postura com as necessidades indicadas pelos levantamentos. Esses dados vão ajudá-lo a evidenciar seu discurso, suas proposições e outros elementos de interesse do público. Convém destacarmos que é possível priorizar alguns segmentos de eleitores, de acordo com as possibilidades de apoio e a maior vantagem eleitoral.

A pesquisa quantitativa evidencia **números**, como a quantidade de eleitores que pretendem votar no candidato e o público feminino de determinada região predisposto a dar seu voto a ele. Já a pesquisa qualitativa esclarece as razões dos números, ou seja, explica, por exemplo, por que determinado número de eleitores tem preferência pelo candidato. Portanto, visa explicar as questões, exibindo dados que orientam o candidato a seguir uma ou outra linha de discurso, ou seja, identifica sinais que os números, puramente, não revelam de modo satisfatório. Esse tipo de pesquisa aponta, de forma detalhada, os pensamentos, os anseios e as demandas de diferentes estratos sociais. Assim, o candidato fica sabendo quais temas deve considerar para captar a simpatia de cada grupo de eleitores e convertê-la em votos.

> Ideias novas podem ser geradas com base em pesquisas qualitativas, refletindo o pensamento de frações de grupos maiores, as quais podem expandir-se, caso haja homogeneidade de pensamentos e de características. Resumidamente, uma amostra representativa de pessoas é abordada e entrevistada, expondo o sentimento do universo representado por ela.

No decorrer do tempo, os eleitores habituaram-se a participar de entrevistas e responder a questionários aplicados por diversas instituições. As informações coletadas são muito úteis, pois demonstram a aceitação ou a rejeição do candidato e de seus concorrentes. Desse modo, é possível estabelecer um mapa dinâmico da evolução da corrida eleitoral e, se necessário, corrigir um ou mais fatores envolvidos na campanha.

Grande parte dos dados coletados na pesquisa qualitativa é transformada em números, percentuais ou gráficos, contribuindo para a **visualização do cenário**. No caso da pesquisa quantitativa, as análises são mais enxutas, ou seja, os números fornecem parâmetros estanques e bem-definidos, permitindo uma mensuração com estrita **objetividade**. Por outro lado, na pesquisa qualitativa, a amplitude interpretativa dos resultados é muito maior, visto que trabalha com dados subjetivos, que envolvem razões comportamentais.

O volume de dados coletados e seu grau de complexidade dependem de objetivos predefinidos e da disponibilidade de recursos para utilizá-los. Porém, em uma campanha, a pesquisa não deve ser tomada como a única fonte de decisões; ela deve ser vista como um valioso auxiliar, que, aliado a outros fatores, pode contribuir para a constituição de determinado cenário, fazendo parte, pois, do conjunto de indicadores que apontam soluções. É preciso que profissionais experientes avaliem os estudos e outros fatores envolvidos nesse processo.

O contexto que envolve a pesquisa, seus resultados e a avaliação deles, assim como o *marketing* político, é uma continuação de elementos interdependentes e deve estar em permanente observação. Como os dados não são gerados exclusivamente durante a campanha eleitoral, também devem ser acompanhados fora desse período, com o objetivo de utilizar as informações para o fim almejado nos momentos que antecedem o pleito.

(4.5)
Instrumentos de pesquisa

Segundo Kuntz (2006), para se chegar a conclusões importantes sobre a formulação de estratégias políticas e de comunicação, o questionário aplicado deve abordar assuntos referentes a:

- **Dados de classificação:** Expressa a real composição do eleitorado, demonstrando as diferenças de opiniões entre os diferentes segmentos da sociedade.
- **Roteiro do plano geral:** É utilizado para chegar a questões específicas; a ideia é deixar o eleitor à vontade, para que fale, primeiramente, sobre aquilo que lhe é mais familiar e, aos poucos, comece a abordar questões mais graves, como problemas relacionados à saúde e à educação.
- **Identificação da decisão do eleitor acerca do candidato em que votará na próxima eleição:** Se o eleitor já tiver definido seu voto, deve-se perguntar quem é o candidato escolhido; essa resposta pode ser chamada de *intenção de voto espontânea*.
- **Determinação da tendência eleitoral:** Visa medir os espaços de situação e de oposição para se conhecer o perfil do eleitor de ambos os cenários.
- **Escolha, por parte do candidato, do tipo de pesquisa a ser feito:** Busca saber a posição imediata do eleitor ou a posição posterior à análise dos concorrentes. Um exemplo de pergunta é: Se as eleições fossem hoje e os candidatos fossem x, y e z, em quem você votaria? Essa resposta pode ser chamada de *intenção de voto estimulada*. Para saber sua segunda opção de voto, pode--se perguntar ao eleitor: Caso seu candidato desistisse da disputa, qual seria seu voto? A fim de analisar a rejeição do candidato, pode-se questionar: Há algum candidato em que você não votaria

de forma alguma? Antes de fazer qualquer uma dessas perguntas ao eleitor, é importante conduzi-lo a refletir sobre os principais nomes, mostrando-lhe o potencial eleitoral de cada candidato. Por meio das informações recolhidas, pode-se perceber o desconhecimento do eleitor com relação ao processo eleitoral, bem como sua simpatia ou sua rejeição a algum candidato.

- **Descoberta a respeito do (des)conhecimento dos concorrentes por parte do eleitor:** Visa identificar o perfil do eleitorado e quantificar as pessoas que pretendem reeleger um dos parlamentares atuais e as que desejam renovar o Legislativo ou o Executivo. É possível apresentar ao entrevistado uma lista de candidatos ou permitir-lhe uma resposta espontânea.
- **Aferição permanente da influência de importantes lideranças sobre as intenções de voto, indagando o entrevistado:** Se beltrano lhe pedisse para votar em determinado candidato, qual seria sua conduta? Você prontamente o atenderia, provavelmente o atenderia, talvez o atendesse ou esse pedido não influiria em sua decisão?

As principais diferenças entre as pesquisas quantitativa e qualitativa podem ser vistas no Quadro 4.1, a seguir.

Quadro 4.1 – Diferenças entre os métodos quantitativo e qualitativo

Quantitativo	Qualitativo
Objetivo	Subjetivo
Teste da teoria	Desenvolvimento da teoria
Foco conciso e limitado	Foco complexo e amplo
Redução, controle e precisão	Descoberta, descrição, compreensão e interpretação partilhada
Mensuração	Interpretação

(continua)

(Quadro 4.1 – conclusão)

Quantitativo	Qualitativo
Mecanicista: as partes são iguais ao todo	Organicista: o todo é mais do que as partes
Análises estatísticas	Narrativas ricas e interpretações individuais
Números	Palavras e ideias
Pesquisador distante do processo	Pesquisador participante do processo
Sujeitos	Participantes
Independente do contexto	Dependente do contexto
Teste de hipóteses	Geração de ideias e de questões para pesquisa
Raciocínio lógico e dedutivo	Raciocínio dialético e indutivo
Estabelecimento de relações e de causas	Descrição de significados e de descobertas
Generalizações	Particularidades
Preocupação com a quantidade	Preocupação com a qualidade das informações e das respostas
Utilização de instrumentos específicos	Uso de comunicação e de observação

É de suma importância conhecer o método a ser seguido, pois as pesquisas são como caminhos, ou seja, dependendo do trajeto a ser realizado, as informações coletadas se tornam diferenciais.

(4.6)
Tipos de pesquisa

A pesquisa mais utilizada é a **domiciliar**, pois oferece segurança na distribuição, na verificação e na auditoria da amostra. Uma de suas principais vantagens é a facilidade em encontrar e entrevistar donas de casa, desempregados, estudantes, aposentados e trabalhadores noturnos. Esse é o método mais recomendado para a aplicação de questionários longos e abrangentes. Convém ressaltarmos que a escolha dos domicílios a serem pesquisados é feita por sorteio.

A pesquisa de **fluxo**, realizada em locais de grande circulação de pessoas, também merece destaque. Ela permite aos entrevistados que fiquem à vontade, na medida em que garante seu anonimato quanto às opiniões e aos conceitos emitidos. Pode ser feita à base de amostras, e a unidade que determina seu tamanho é a mesma para uma cidade pequena ou grande.

De modo geral, as pesquisas devem adotar uma amostra mista, ou seja, a metade deve ser realizada em domicílio, e a outra metade, em locais movimentados.

Um bom entrevistador sabe perguntar bem e escutar melhor ainda, colocando-se no lugar do entrevistado, sem manipular a resposta nem acrescentar qualquer comentário. De acordo com Kuntz (2006, p. 103), para ser bem-sucedido nessa atividade, existem dez normas a serem seguidas:

a. *Nunca improvisar;*
b. *Não ter personalidade nervosa, tímida ou tensa, mantendo a espontaneidade da conversa;*
c. *Não dar opinião, e nem falar mais que o entrevistado;*
d. *Procurar ouvir bem, para não repetir a pergunta e nem perguntar o que já foi respondido;*
e. *Não ficar confuso;*
f. *Não utilizar palavras desconhecidas pela população comum;*
g. *Não manipular a resposta do entrevistado;*
h. *Falar com um tom vivo e animado;*
i. *Não perguntar de forma interrogatória;*
j. *Ter o controle da situação, assim como saber conduzir e finalizar.*

Para que as pesquisas sejam efetivas, é necessário haver uma **margem de erro** – um intervalo acima ou abaixo de determinado número, no qual se situa o resultado real naquele momento. Quanto maior a amostra, menor a margem de erro. Outra característica de uma boa pesquisa é a **representatividade proporcional** de todos os segmentos sociais; assim, cada entrevistador é informado da quantidade de entrevistas que deve fazer em cada grupo.

Existem várias técnicas para aferir a opinião pública ou o comportamento social, e cada questionário inclui certos tipos de perguntas e requer a aplicação de técnicas específicas. São chamadas de questões fechadas aquelas cujas respostas são precodificadas e relacionadas no questionário; elas podem ser espontâneas (obtidas sem nenhum estímulo ao entrevistado) ou estimuladas (obtidas após a leitura das opções de resposta, sinalizando-se que uma delas deve ser escolhida).

Com relação às questões estimuladas, Lima (2002) afirma:

- Embora sempre existam as opções *não sabe* e *não respondeu*, elas não constarão na lista apresentada ao entrevistado. Nunca se deve permitir a este que leia o formulário-roteiro da pesquisa.
- É necessário reconhecer os entrevistados analfabetos e ler as opções de resposta para eles, mesmo que muitos, quando perguntados, neguem essa condição.

As respostas obtidas em questões abertas devem ser anotadas em letra de forma e legível, pois serão lidas por alguém que encerrará o levantamento de todos os questionários aplicados. Tudo o que o entrevistado falar deve ser registrado *ipsis litteris*, sem abreviações.

Após a definição do tema de pesquisa e, consequentemente, das informações que precisam ser captadas, deve-se optar pelo método quantitativo ou pelo qualitativo, considerando-se o tipo de dados produzidos por eles. Como explicamos, o qualitativo envolve a compreensão de ideias, ao passo que o quantitativo fornece quantidades numéricas, as quais proporcionam a medição das informações. Eles podem, inclusive, ser complementares, isto é, um proporcionar entendimentos sobre o outro.

Na pesquisa qualitativa, as informações são obtidas por meio de um roteiro e as opiniões dos participantes são gravadas e, posteriormente, analisadas. Os principais meios para se conseguirem as informações desejadas são entrevistas aprofundadas ou discussões em grupo.

Na pesquisa quantitativa, utiliza-se, via de regra, o questionário como instrumento de coleta de dados; para a quantificação dos dados, é preciso haver um padrão rigoroso. Pode ser necessário, ainda, que se efetue um desenho amostral probabilístico ou que se planejem cotas com anterioridade.

> Nas **pesquisas quantitativas**, a _forma de abordagem dos entrevistados_ varia de acordo com o desenho do projeto. Pode requerer um _desenho amostral probabilístico_ ou por cotas previamente estabelecidas [...]. A abordagem também será função do público pesquisado. Assim, _as entrevistas podem ser realizadas pessoalmente_ [...], _por telefone_, pela internet, por correio. O importante é que as entrevistas sejam aplicadas individualmente e sigam as _regras de seleção da amostra_. (Cesumar, 2012, p. 9, grifos do original)

O eleitorado muda de opinião radicalmente em curtíssimos espaços de tempo. Por isso, os candidatos e os partidos precisam observar essas alterações permanentemente, a fim de definirem sua evolução no meio eleitoral e se prepararem para a constante readaptação aos novos perfis que surgem. Nesse caso, a pesquisa é crucial para determinar o perfil dos eleitores, bem como para colher informações de fatores externos, contribuindo com dados e análises essenciais ao alcance de uma vantagem competitiva.

Quando divulgada por órgãos sérios e competentes, a pesquisa é isenta, constituindo uma fonte de inestimável valor à sociedade. O direito a informações confiáveis é de livre escolha e também uma atitude cívica. É legítimo o ato de o eleitor desistir de um candidato e votar em outro que, a partir de certo momento, conquistou sua preferência.

As pesquisas não influem os eleitores, apenas os mantêm informados. Porém, propagandas eleitorais e opiniões expressas, nos meios de comunicação de massa, por órgãos de imprensa, formadores de opinião e lideranças políticas podem influenciar a sociedade. Além disso, o trabalho de convencimento realizado por cabos eleitorais e por eleitores simpatizantes junto aos eleitores indecisos pode surtir efeito (Lima, 2002).

Os dados obtidos na pesquisa qualitativa são analisados, apontando-se os mais relevantes; é importante armazená-los de forma ordenada para acesso rápido conforme a necessidade. No tocante à pesquisa quantitativa, é interessante distribuir em tabelas e gráficos os dados obtidos, facilitando a visualização daqueles que se sobressaem e permitindo uma análise rápida da situação, a fim de elucidar as dimensões das informações contidas no estudo.

Nas grandes cidades, as informações de campanha chegam até os eleitores pela televisão. Nas cidades menores, os políticos normalmente são bem conhecidos e visitam as casas dos potenciais eleitores. Porém, nas cidades de médio porte, a situação é mais complicada, pois os candidatos – especialmente os novos – não são conhecidos da população e não dispõem de tempo hábil para ir até as residências das pessoas. As pesquisas eleitorais acabam por aproximar o candidato do público, visto que evidenciam as reivindicações dos eleitores e suas opiniões sobre as autoridades e as instituições que lhes prestam serviços públicos.

Segundo Lima (2002), tais pesquisas têm a finalidade de:

- levantar os problemas locais: é mais fácil os moradores de cidades de médio porte receberem, pela televisão e por jornais de grande circulação, notícias de Brasília e do mundo do que da cidade ou da região onde vivem;
- avaliar as instituições: pedir aos entrevistados que atribuam a elas notas de 0 a 10;
- colher a opinião dos eleitores sobre assuntos pontuais: é muito comum o político executivo apresentar projetos maravilhosos, para que fiquem na história e na lembrança da população.

Assim, munido de informações, o candidato pode melhorar seu planejamento de campanha, o que influencia diretamente a *performance* dele.

(4.7)
AMOSTRA DE PESQUISA

O tamanho da amostra é importante para a representação de toda a população. A Tabela 4.1 determina a amplitude de uma amostra, com margem de erro (ME) de 3, 4, 5 e 10 pontos percentuais, para mais e para menos.

Tabela 4.1 – Margens de erro de acordo com a amostra de pesquisa

População	ME = 3	ME = 4	ME = 5	ME = 10
1.500	638	441	316	94
10.000	1.000	600	383	99

(continua)

(Tabela 4.1 – conclusão)

População	ME = 3	ME = 4	ME = 5	ME = 10
20.000	1.053	606	392	100
50.000	1.087	617	397	100
100.000	1.099	621	398	100
+ 100.000	1.111	625	400	100

Na prática, pode ser utilizada a última linha da tabela para todos os casos, independentemente do tamanho da população; basta consultar 100 pessoas para se obter um resultado com margem de erro máximo, para mais ou para menos, de 10 pontos percentuais. Isso significa que, se o resultado obtido em determinada pesquisa for de 70% a favor, ele estará entre 60% e 80%. Após a definição do número de entrevistados, é indispensável que eles sejam escolhidos por sorteio, aleatoriamente, dentro do universo a ser pesquisado.

Após a realização do levantamento, a contagem dos possíveis votos e das opiniões é relativamente fácil. É possível fazê-la manualmente, por meio da organização dos questionários, de modo que fiquem agrupados por respostas semelhantes. Caso existam várias opções de escolha para o entrevistado, é mais adequado utilizar o computador, um banco de dados ou uma planilha eletrônica. De qualquer modo, convém avaliar o trabalho de programação e de digitação, que pode ser maior que o de contagem manual.

Ao se contratar uma pesquisa de intenção de votos, é fundamental definir o foco, os prazos, os conteúdos, a abrangência, a amplitude da amostra, as técnicas utilizadas e a seleção. O instrumento de coleta de dados (planilhas, cartões, questionários etc.) deve ser escolhido de acordo com os objetivos estabelecidos. Também é preciso compor uma equipe de pesquisadores, à qual será ministrado treinamento, para que tenha ciência de como deve atuar em campo. Depois de coletados, os dados devem ser reunidos, armazenados, processados e analisados, procedendo-se, então, à publicação dos resultados. A equipe envolvida na campanha deve acompanhar com cuidado os resultados dessa divulgação para avaliar seus efeitos (Santos, 2014).

Nas eleições presidenciais, o número de entrevistados nas amostragens varia entre 2 mil e 3 mil eleitores, que tem como função representar os demais. Para a obtenção de credibilidade, deve-se refletir sobre a eficácia dos questionários aplicados. Amostras bem-elaboradas, produzidas por entrevistadores treinados, ajudam a assegurar a qualidade da pesquisa e a divulgação dos resultados.

(4.8)
SISTEMA DE INFORMAÇÃO DE *MARKETING* ELEITORAL (SIME)

Para a obtenção, o processamento, o armazenamento e a distribuição de informações, utiliza-se um complexo formado por pessoas, máquinas e materiais diversos, o qual constitui o Sistema de Informação de *Marketing* Eleitoral – Sime (Alves, 2007). Este transforma dados brutos de uma situação ou de um problema em informações úteis, com evidentes reflexos sobre o grau de adequação mercadológica, estratégica e operacional da campanha ao meio ambiente.

As informações necessárias a uma campanha política podem ser obtidas por meio da constante observação de ocorrências em determinado ambientes, utilizando-se como fontes os meios de comunicação de massa (televisão, rádio, jornal, revista, entre outros), o que proporciona, em certos prazos, informações gerais de interesse. Quando as demandas são bem específicas, a pesquisa concentra-se nos instrumentos já relacionados, buscando-se elencar tais informações rapidamente. No entanto, em ambos os casos, os dados devem ser organizados sistematicamente, para que, quando necessário, possam ser acessados de modo rápido.

Para que os dados e, por consequência, os resultados sejam confiáveis, é essencial verificar as fontes, cruzá-las – sempre que possível – e avaliar seu grau de idoneidade, bem como o dos métodos de avaliação aplicados. Assim, haverá uma razoável possibilidade de antecipar ameaças e de perceber as potenciais oportunidades apresentadas pelo quadro geral.

As informações resultantes dos dados coletados e processados precisam ser distribuídas de forma adequada, observando-se que, nos relatórios do Sime, constam apenas aquelas de real interesse, dispensando-se superfluidades. Elas devem atender às exatas solicitações do candidato, feitas diretamente por ele ou por sua equipe.

Deve-se lembrar também de que as necessidades para coleta, processamento e emissão dos resultados demandam **recursos financeiros**, portanto o candidato precisa estar preparado para tal. Em virtude de sua larga difusão, nos dias atuais, esse tipo de material não representa um custo tão elevado e, provavelmente, estará ao alcance dele.

O estabelecimento de procedimentos minuciosos e sistemáticos é fundamental para que uma equipe bem-montada e dedicada consiga dar um tratamento adequado à informação e fazer análises competentes.

> *As principais áreas nas quais o SIME deve atuar, a fim de facilitar a identificação e análise das ameaças e oportunidades da eleição são: análise do macroambiente, análise dos partidos e dos adversários, levantamento e análise de dados sobre o eleitorado, e mensuração do impacto dos procedimentos operacionais adotados durante a campanha sobre o meio ambiente. (Lima, 2002)*

No macroambiente, estão estabelecidas as variáveis sobre as quais a equipe de trabalho do candidato não tem controle; portanto, ela deve estar preparada para readaptações, em tempo hábil, conforme as alterações forem ocorrendo. Tais fatores evoluem sob diversos aspectos, como determinadas condições sociais e econômicas.

Com relação a esses fatores, Lima (2002, grifo nosso) estabelece alguns tópicos:

> A) **Economia/Tecnologia** – *qual a situação da economia hoje e como ela deve evoluir até o pleito? Qual o impacto disso sobre os segmentos almejados e as bases eleitorais do candidato? Existe alguma inovação tecnológica que ameace a estabilidade das mesmas? Quais os principais entraves econômicos estruturais e conjunturais que retardam o enriquecimento da sociedade? Mesmo que o candidato não sinta utilidade imediata para este tipo de análise, convém obter um certo conhecimento sobre o assunto, o que lhe permitirá fazer boa figura em debates ou entrevistas.*
>
> B) **Legislação/Política** – *o candidato e seus assessores devem procurar manter-se informados sobre a legislação, explorando todas as brechas que ela permite e valendo-se da lei para tentar enquadrar os adversários que estejam agindo desonestamente ou pelo menos poder ameaçá-los com algum sucesso [...]. Em relação à política, é preciso estar em dia com tudo o que acontece em nível dos grandes blocos ideológicos e das articulações da sociedade civil [...] que sejam capazes de pressionar o poder [...].*
>
> C) **Demografia** – *a análise das características demográficas de uma população visa determinar como ela se estrutura, bem como as suas principais divisões e tendências. [...]*
>
> D) **Socioculturais** – *quais as principais tendências sociais e culturais que afetam a campanha ou podem vir a afetá-la? Quais as novas formas de comportamento e postura cultural predominantes nos principais agrupamentos sociais? Estas perguntas visam a detectar a expansão de*

novas posturas frente à estrutura social e cultural do país, como forma de auxiliar no processo de identificação entre o candidato e seus eleitores, valendo lembrar que aquele candidato que se antecipa frente aos outros na descoberta de novas formas de comportamento que tendem a se tornar majoritárias sai com boa vantagem; por outro lado, corre o risco de, se a tendência for inovadora demais, ficar numa situação incômoda, à margem do processo [...].

Esses fatores devem ser analisados em toda a sua extensão de abrangência, verificando-se seu alcance para o país, o estado, a região e o município, pois, nos diferentes contextos, pode haver variações de ameaças ou de oportunidades. Por exemplo, algumas novas tecnologias podem afetar determinada região ou setor de forma benéfica, porém, em outras, pode ocorrer o efeito contrário. Um bom exemplo são os transgênicos: em certos lugares e em alguns setores, eles são considerados um avanço tecnológico, mas em outros há relutância em aceitá-los.

É importante o Sime fornecer também informações sobre os concorrentes, embora isso possa avolumar os dados, visto que, a cada pleito, o número de postulantes tende a aumentar, especialmente no Legislativo. O sistema deve produzir informações sobre aqueles que estão mais nivelados com o candidato, pois são os adversários que lhe oferecem maior risco.

Os cargos eletivos para o Executivo – prefeitos, governadores e presidente da República –, por contarem com poucos candidatos em comparação com o Legislativo, proporcionam maior controle, que pode ser feito por meio de pesquisas periódicas.

Para estabelecer sua estratégia de campanha, o candidato precisa observar as táticas utilizadas por seus concorrentes no passado e compará-las com as atuais, a fim de prever como eles vão se posicionar.

Para isso, o candidato pode retomar informações referentes a outras campanhas de que tenha participado, bem como ouvir a opinião de outras pessoas envolvidas nelas.

Qualquer partido ou candidato, em uma eleição, deve salientar seus pontos fortes e utilizar os pontos fracos dos adversários a seu favor. No entanto, há alguns limites a essa utilização; não se deve expor, por exemplo, a vida pessoal dos adversários.

O Brasil é um país que apresenta fraca influência partidária sobre os eleitores, que não se identificam muito com partidos. O conhecimento sobre eles é bastante genérico e, em época de campanha, os eleitores informam-se apenas parcialmente sobre as plataformas dessas agremiações. Entretanto, as pessoas efetivamente filiadas a dado partido, dependendo da região, podem ser fator decisivo na aceitação e na eleição de um candidato. Quando um partido conta com uma grande quantidade de filiados, o *marketing* eleitoral acaba sendo mais efetivo.

Áreas de estudo como a sociologia e a ciência política proporcionam elementos para a realização de análises sobre determinadas populações, com base em suas **tendências de comportamento**; propicia-se, assim, uma avaliação dos rumos que essas tendências podem tomar e das relações dos eleitores com os partidos. Entretanto, no Brasil, os estudos dessa natureza ainda são incipientes. Convém ressaltarmos que as informações obtidas por meio deles são fruto de longos tempos de observação e compilam subsídios de grande valia aos candidatos, sobretudo àqueles que não dispõem de recursos para encomendar pesquisas mais elaboradas.

Assim, o candidato que planeja construir uma carreira política certamente estará atento ao desenrolar da história eleitoral da região que pretende representar ou até mesmo do país. É importante montar um arquivo com as informações geradas, a fim de utilizá-las em sua campanha.

Embora haja, no Brasil, inúmeras instituições de pesquisa que se dispõem a trabalhar para os candidatos, é preciso considerar o custo desses serviços, que pode ser alto; se o candidato não tem um respaldo financeiro elevado para a campanha, pode ter de abrir mão deles. Quando a verba é reduzida, vale a busca por dados já levantados e divulgados por instituições, mesmo que isso limite a quantidade e a qualidade das informações de que precisa.

Algumas instituições fornecem, a baixíssimo ou a zero custo, uma diversidade de informações úteis ao candidato em campanha. É o caso do Instituto Brasileiro de Geografia e Estatística (IBGE)[2]; do Sistema Estadual de Análise de Dados (Seade)[3]; do Tribunal Regional Eleitoral (TRE), encontrado nas capitais de todo o país; da Secretaria de Estado de Planejamento (Seplan); e de outros órgãos governamentais, além de diversas instituições sindicais. As universidades,

---

2 "O Instituto Brasileiro de Geografia e Estatística – IBGE se constitui no principal provedor de dados e informações do país, que atendem às necessidades dos mais diversos segmentos da sociedade civil, bem como dos órgãos das esferas governamentais federal, estadual e municipal. O IBGE oferece uma visão completa e atual do País, através do desempenho de suas principais funções: Produção e análise de informações estatísticas[;] Coordenação e consolidação das informações estatísticas[;] Produção e análise de informações geográficas[;] Coordenação e consolidação das informações geográficas[;] Estruturação e implantação de um sistema de informações ambientais[;] Documentação e disseminação de informações[;] Coordenação dos sistemas estatístico e cartográfico nacionais" (IBGE, 2017).

3 "O Seade, fundação vinculada à Secretaria de Planejamento e Gestão do Estado de São Paulo, é hoje um centro de referência nacional na produção e disseminação de análises e estatísticas socioeconômicas e demográficas. Para isso, realiza pesquisas diretas e levantamentos de informações produzidas por outras fontes, compondo um amplo acervo, disponibilizado gratuitamente, que permite a caracterização de diferentes aspectos da realidade socioeconômica do estado, de suas regiões e municípios e de sua evolução histórica" (Seade, 2017).

principalmente aquelas voltadas às áreas de economia e de ciências sociais, também proporcionam informações desse tipo.

O Sime, como a maioria dos sistemas, é dinâmico, ou seja, muda constantemente (em volume e em velocidade). A cada novo grupo de informações que chega, o volume cresce; a velocidade depende da necessidade, mais ou menos premente, de determinadas informações. Portanto, a observação desses fatores é importante para que o sistema esteja sempre atualizado, e as decisões devem ser tomadas em função de tais atualizações, as quais ditarão as correções a serem executadas na campanha, no discurso, no *marketing*, nos contatos etc., para que o candidato esteja, cada vez mais, em harmonia com o público.

No que diz respeito ao sistema de informações, um dos maiores problemas enfrentados pelo candidato ou pelo partido é a defasagem de tempo, ocorrida da geração da informação até sua entrada no sistema e seu processamento. Para exemplificar esse descompasso, usaremos o seguinte paralelo: quando do "descobrimento" do Brasil, a carta de Caminha levou cerca de três meses para chegar a Portugal com informações sobre a terra "descoberta". Atualmente, fenômenos ocorridos em qualquer parte do planeta são difundidos em poucos minutos, isso quando não são acompanhados por todo o mundo em tempo real. Portanto, a maioria dos assuntos noticiados hoje estará praticamente esquecida daqui a três meses, ou seja, muitas das informações coletadas, se tardarem a chegar ao sistema, perderão sua utilidade.

Também é preciso ter em mente que a dispersão de informações é um grande problema. Ela ocorre quando aquilo que não é relevante se mistura com o que realmente importa; por isso, é essencial filtrar as informações que chegam, para não se desperdiçar espaço de armazenamento e material e, principalmente, gastar tempo com análises infecundas. Isso significa que a agilidade no fluxo de informações é imprescindível, pois dela resulta a possibilidade de se efetuarem alterações necessárias.

As mudanças nas variáveis podem ocorrer tanto em longos períodos de tempo, como entre uma eleição e outra (quatro anos, no Brasil), quanto a poucos dias do pleito. Portanto, além dos cálculos matemáticos, proporcionados pela estatística, é conveniente o aconselhamento de pessoas experientes, detentoras de opiniões valiosas. Em tais momentos, até mesmo a intuição pode ser um aliado na tomada de decisão.

O universo eleitoral não é um grupo de total homogeneidade, como uma linha de montagem, na qual as peças têm as mesmas características. Os eleitores, ao contrário, têm interesses e aspirações diferentes, bem como visões e expectativas distintas com relação a determinado candidato ou partido.

Assim, em uma campanha, é preciso fazer uso de estratégias diferenciadas para captar a simpatia dessa população heterogênea e arregimentar o maior número possível de votos. Se a abrangência de todo o público não for viável, uma alternativa é investir nos estratos mais numerosos.

Para a definição de segmentos, deve-se considerar determinada variável ou então o conjunto de variáveis percebidas. Por exemplo, todos os eleitores que torcem para o time A podem ser incluídos em um mesmo segmento; outro segmento pode ser composto de indivíduos que precisam de atendimento de saúde especial ou de pessoas que apoiam esse serviço. Note que muitos torcedores do time A podem fazer parte do segundo segmento também, pois, mesmo não necessitando de atendimento de saúde especial, simpatizam com a ideia. Portanto, quanto maior o número de variáveis da mesma natureza, mais homogêneo o grupo, mesmo que reúna elementos de outras variáveis. Assim, o candidato pode dispor de estratégias que contemplem o máximo de variáveis naquele universo de eleitores.

(4.9)
Estrutura do eleitorado

Quando se trabalha com muitas variáveis e o nível de informações desejadas é complexo – por elas serem buscadas em níveis de avaliação bastante altos –, automaticamente a quantidade de recursos aplicados, tanto humanos quanto materiais, deve ser mais elevada; consequentemente, o custo aumenta na mesma proporção.

Ao se segmentar determinado universo de eleitores, é necessário apenas executar um cruzamento de resultados das variáveis envolvidas para a obtenção de um panorama confiável. Em algumas regiões, a segmentação ocorre conforme critérios estabelecidos por elas mesmas: por etnia, por situação socioeconômica, por credo, entre outros.

Na Figura 4.1, a seguir, Lima (2002) mostra que, definido o perfil de seu eleitor, o candidato deve estratificar os grupos de acordo com as principais variáveis escolhidas e o cruzamento delas.

Figura 4.1 – Representação da estrutura do eleitorado

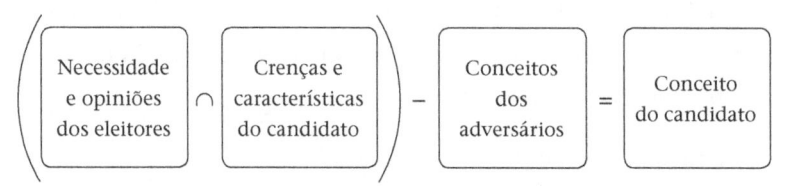

$$(\text{Necessidade e opiniões dos eleitores}) \cap (\text{Crenças e características do candidato}) - (\text{Conceitos dos adversários}) = (\text{Conceito do candidato})$$

Fonte: Adaptado de Lima, 2002.

Segundo Lima (2002), conhecendo a estrutura do eleitorado, o candidato pode chegar ao conceito que lhe é atribuído pelos eleitores.

Com a introdução das modernas técnicas de marketing nas campanhas eleitorais e o seu custo cada vez mais alto, é fundamental procurar se obter o maior número de dados referentes ao eleitorado como uma forma de se evitar o desperdício de recursos.

Pesquisas eleitorais geralmente causam grandes polêmicas às vésperas do pleito, pois têm grande poder de influência sobre o eleitor que ainda não definiu seu voto [...]. As pesquisas com maior repercussão nessa fase são as chamadas pesquisas quantitativas, que pretendem basicamente estimar a porcentagem da população que compartilha de determinada opinião ou vai votar em determinado candidato. Embora sejam importantes ao funcionar como orientadoras das campanhas, elas não devem ser o principal ponto de preocupação do candidato, na medida em que não é um prognóstico eleitoral [...], mas simplesmente retratam um momento específico da campanha e somente poderão indicar alguma tendência definida ao se dispor de uma série delas.

Na campanha eleitoral, é de suma importância o candidato conhecer a **distribuição geográfica** dos eleitores, bem como a posição deles com relação a diversos aspectos e os temas mais relevantes para a região onde vivem. Segundo Lima (2002), entre os fatores determinantes do voto estão:

A) Variáveis demográficas em geral.
B) Preferência partidária (disposição pessoal em declarar-se ligado de alguma maneira a um partido).
C) Imagem do candidato ideal versus candidatos reais.
D) Linhas programáticas da campanha [...].

E) Pressão da opinião pública [...].
F) Intenção de voto.
G) Grau de certeza do voto.

Podem ser apontados, de acordo com o mesmo autor, quatro tipos de pesquisas qualitativas que evidenciam os fatores de interesse:

As pesquisas motivacionais buscam determinar quais os fatores mais importantes que levam um eleitor a preferir este ou aquele candidato ou este ou aquele partido e qual [sic] os seus anseios, necessidades e expectativas em relação aos benefícios que sua escolha (seu voto) poderá lhe trazer.

As pesquisas de manifestação coletiva procuram determinar as prioridades que os diversos segmentos do eleitorado têm e que podem ser atendidas pelos políticos e qual o ordenamento dessas prioridades, que normalmente é diferente para cada segmento.

As pesquisas de grupos procuram identificar quais os grupos que exercem maior influência sobre a decisão de voto do eleitor (os formadores de opinião) e quais os grupos que estão melhor articulados dentro da sociedade civil para fazer valer seu ponto de vista (os grupos de pressão).

As pesquisas de recall procuram detectar o nível de memorização do eleitorado em relação ao candidato e as mensagens por ele emitidas nos diversos meios de comunicação e consequentemente a eficiência do composto de comunicação/divulgação da campanha. (Lima, 2002)

Em busca de resultados consistentes, o ideal é que o candidato contrate instituições especializadas em pesquisa – existem muitas empresas confiáveis que se dedicam à área eleitoral. Porém, como mencionamos, para isso é necessário disponibilidade de recursos financeiros, pois os trabalhos de pesquisa normalmente têm um custo relativamente elevado. Entretanto, na falta de recursos para a contratação de institutos de pesquisa, a própria equipe ou até mesmo simpatizantes da candidatura podem contribuir para a aquisição de informações importantes, desde que tenham conhecimento mínimo sobre pesquisas e interpretação destas; cálculos estatísticos; e avaliação dos resultados.

(4.10)
OBJETIVOS DA PESQUISA

Após a definição das questões a serem respondidas, deve-se elaborar o planejamento de pesquisa, incluindo-se a técnica e a metodologia aplicadas – entrevista, questionário ou outro instrumento – e as respostas esperadas. Assim, o trabalho poderá ser realizado de forma mais objetiva e real.

De acordo com Lima (2002), uma pesquisa tem os seguintes objetivos:

a) Determinar quais as características do candidato ideal na mente dos eleitores.

b) Determinar qual a importância relativa de cada uma dessas características na decisão de voto.

c) Determinar como o candidato é julgado pelo eleitor em relação a essas características.

Estabelecido o problema a ser solucionado e definidos os objetivos a serem atingidos, parte-se para a etapa seguinte: a obtenção de informações relativas às questões em pauta. Para isso, é necessário consultar grande parte das fontes disponíveis, identificando aquelas que são mais interessantes e confiáveis. Desse modo, a equipe estará inteirada do problema e compreenderá, com mais facilidade, as informações coletadas.

Durante a pesquisa de campo, é importante registrar as reações dos eleitores perante questões relacionadas ao discurso do candidato, a sua postura em compromissos públicos, a sua aparição na mídia, a propagandas eleitorais na televisão etc. As reações certamente serão diferentes em cada segmento do eleitorado e, embora algumas sejam sutis, pessoas com boa capacidade perceptiva vão notá-las.

As reações também podem ser analisadas experimentalmente, observando-se os efeitos que certas atitudes, palavras ou ações do candidato provocam no público, produzindo, conscientemente, variações. Assim, é possível verificar as reações despertadas em cada segmento e como elas podem interferir em outras. Consequentemente, outros elementos ainda não explorados poderão surgir e se tornar proveitosos ao candidato, proporcionando-lhe um diferencial em relação à concorrência.

(4.11)
Entrevistas

As entrevistas são aplicadas quando se buscam informações de fundo mais pessoal, que envolvem peculiaridades de cada entrevistado e questões psicológicas, portanto subjetivas. Após a reunião de toda a amostra, a intenção é estabelecer um quadro segmentado ou verificar outras variáveis.

As entrevistas podem ser **estruturadas** ou **não estruturadas**. No primeiro caso, as perguntas devem ser curtas e bem direcionadas e o entrevistado tem de escolher, entre as respostas apresentadas, aquela que julga mais acertada. Nesse tipo de entrevista, não há possibilidade de expandir as respostas, o que torna a avaliação mais difícil; a pessoa é induzida a se manter dentro de certos limites. Já nas entrevistas não estruturadas, o entrevistador tem mais liberdade para fazer as perguntas e o entrevistado, por sua vez, pode dar mais amplitude às respostas, pois não há limitações. Embora o roteiro da entrevista e as perguntas-chave sejam estabelecidos previamente, o entrevistador tem liberdade para alterá-los, de acordo com a necessidade percebida no momento.

O entrevistado fornece respostas mais descritivas, e a entrevista se dá em tom de conversa quase informal. A pessoa que a conduz tem a oportunidade de buscar mais detalhes informativos e, consequentemente, o entrevistado pode expor suas respostas minuciosamente.

Em virtude da liberdade da conversa, o tempo de execução da entrevista não estruturada é superior ao da entrevista estruturada. Por outro lado, o entrevistador tem de ser bastante experiente para sintetizá-la, de forma a selecionar as informações mais relevantes.

4.11.1 Tipos de entrevistas

Destacamos, a seguir, os três tipos de entrevistas comumente utilizados nas pesquisas eleitorais.

Entrevista pessoal

A forma mais adequada de se fazer uma entrevista é pessoalmente, quando entrevistador e entrevistado estão presentes no mesmo local e conversam diretamente. Nesse caso, o entrevistador deve ser um profissional com bastante experiência, pois, além de analisar a pura resposta, deve atentar-se às expressões corporais e aos tons de voz do entrevistado, o que complementa a comunicação. Assim, as respostas e as reações do entrevistado podem ser examinadas com mais profundidade.

Convém ressaltarmos que, nesse tipo de entrevista, é necessário mais tempo que em qualquer outra modalidade, portanto seu custo também é mais alto. Situações como dificuldade de deslocamento e falta de tempo por parte dos entrevistados tornam esse tipo de pesquisa oneroso tanto temporal quanto economicamente. Isso significa que, para a iniciativa ser bem-sucedida, é necessário haver planejamento e estruturas econômica e profissional adequadas.

Entrevista pelo correio

A entrevista pelo correio – em um primeiro momento, vista como mais econômica – é uma alternativa àquela realizada pessoalmente. O questionário é enviado ao entrevistado, que, após responder a ele, deve devolvê-lo ao emitente. Além de instruções para seu preenchimento, constam no material informações pertinentes a seus objetivos e a sua importância.

No entanto, esse tipo de pesquisa também apresenta certos inconvenientes; muitos destinatários deixam de responder ao questionário, por não o considerarem importante, e outros chegam a jogá-lo no lixo. Assim, a taxa de retorno é baixa, portanto pouco representativa, o que significa, muitas vezes, uma despesa inútil.

Entrevista pelo telefone

A entrevista por telefone oferece algumas vantagens sobre a realizada pelo correio. O tempo é uma delas, já que é feita diretamente com o entrevistado, em tempo real. O custo também pode ser bastante reduzido, dependendo do contrato realizado entre o candidato ou o partido e a operadora telefônica. Com relação ao pessoal e ao treinamento aplicado a todos os envolvidos, o investimento necessário é, em geral, inferior ao da entrevista presencial.

No entanto, surgem também certas dificuldades, como a indisposição do entrevistado em ceder parte de seu tempo a uma entrevista que não lhe trará nenhum retorno. Por isso, o questionário deve ser curto e trazer respostas diretas, para que a pessoa não desligue o telefone no meio da entrevista. Vale mencionar também que nem todos os eleitores possuem telefone.

Na entrevista por telefone, o entrevistador preenche o questionário de acordo com as respostas do entrevistado. Portanto, as questões fechadas são mais indicadas, pois, apesar do prejuízo quanto à obtenção de informações valiosas, asseguram maior rapidez à entrevista.

> Independentemente do tipo de entrevista escolhido, as perguntas mais interessantes devem ser apresentadas no início do questionário, a fim de despertar o interesse do entrevistado; aquelas sobre as quais ele precisará pensar um pouco mais devem ser distribuídas a partir da segunda metade do questionário, para que a tarefa não seja enfadonha desde o princípio.
>
> As perguntas devem ser simples e claras, sem ambiguidades e repetições. É preciso também tomar cuidado com as induções – em geral, admitidas apenas em questões fechadas –, pois elas podem levar a resultados errôneos, não captando, de fato, o pensamento do eleitor.
>
> Via de regra, é impossível abarcar, por meio de uma entrevista, todos os indivíduos de uma população – entendida como os membros de um grupo que contam com, pelo menos, uma variável em comum. Sendo assim, é feita uma amostragem, ou seja, selecionam-se pessoas que, por reunirem o maior número de variáveis comuns a essa população, têm condições de representá--la. Os resultados são, então, estendidos a todo esse conjunto.
>
> É importante observar que quanto maior a confiabilidade da amostra, maior o benefício do trabalho realizado; portanto, os resultados mais precisos compensam os investimentos financeiros, pois tanto maiores serão os dividendos eleitorais.
>
> As amostras, sob a luz da estatística, apresentam-se em duas grandes categorias: probabilística e não probabilística. A primeira leva em conta que qualquer indivíduo de uma população tem a probabilidade antecipada de ser selecionado, pois a escolha não depende da definição de critérios por parte do entrevistador. Nesse caso, as chances de ser escolhido para a amostra são iguais para todos, pois a seleção, embora baseada em determinados procedimentos, é aleatória.

> A vantagem desse tipo de seleção é a possibilidade de os cálculos matemáticos refletirem, com razoável precisão, a margem de erro dos resultados, gerando, assim, um valor numérico também para o grau de confiabilidade da pesquisa. Apesar do elevado grau de complexidade da aplicação desse tipo de pesquisa, a probabilidade de se inferir o comportamento da população com base na amostra é alta.

(4.12)
AMOSTRAGEM ALEATÓRIA E AMOSTRAGEM POR ÁREA

No que diz respeito à **amostragem aleatória simples**, o procedimento é aleatório – por exemplo, por sorteio. No caso de uma população de 500 indivíduos, em que se pretende uma amostra de 100 deles, devem-se colocar os nomes em um recipiente e, aleatoriamente, ir tirando um por um, até se completarem 100. No entanto, em populações de grandes dimensões, como um bairro onde vivem 30 mil pessoas, tal medida se tornaria exaustiva (Lima, 2002).

Ao se optar pelo uso da **amostra aleatória estratificada**, deve-se dividir a população em grupos, considerando-se a reunião de determinadas características; desse modo, todos aqueles que as satisfazem formarão subconjuntos da população em um grupo afim. Esse método é aplicado, principalmente, em populações mais heterogêneas, com vistas a diversificar por afinidades cada grupo, que será tratado, então, como uma população da qual serão extraídos elementos para amostras aleatórias simples. É necessário tomar o cuidado de manter a proporcionalidade de cada grupo em relação a sua distribuição entre aquela população.

Já a **amostragem por área**, cuja aplicação é muito evidente em pesquisas quantitativas que envolvem as variáveis intenção de voto e de opinião, não utiliza estratos, mas sim áreas geográficas, pois é mais fácil dimensioná-las e delimitá-las. No entanto, a margem de erro pode ser maior.

(4.13)
AMOSTRAS NÃO PROBABILÍSTICAS

As amostras não probabilísticas não seguem os métodos de cálculos estatísticos, mas são analisadas de forma empírica por quem examina as informações coletadas. Assim, a escolha da amostra é definida exclusivamente pelos pesquisadores, caso a caso, de acordo com os objetivos que visam alcançar.

Nesse caso, as informações obtidas podem não corresponder ao padrão médio de pensamento da população, portanto não representam uma amostra dela. Se o que se busca não for muito bem definido, o investimento feito poderá não valer a pena, na medida em que as informações serão colhidas por uma amostragem de conveniência e eleitas pelo julgamento dos pesquisadores.

(4.14)
AMOSTRAGEM POR CONVENIÊNCIA

Na amostragem por conveniência, a seleção de indivíduos depende, especialmente, da disposição deles para participar da entrevista. Em um comício, por exemplo, não se pode selecionar uma amostra de acordo com determinados critérios de pesquisa. Nesse caso, são entrevistados, de forma aleatória, apenas alguns indivíduos que se mostram disponíveis.

Nesse tipo de pesquisa, em que não se permite o estabelecimento de margem de erro, também não é possível definir um grau de confiabilidade. Portanto, os dados adquiridos podem ser úteis apenas para ampliar o volume de informações coletadas, o que proporciona mais elementos ao trabalho.

(4.15)
VARIÂNCIA E DESVIO-PADRÃO DA AMOSTRA

No desenvolvimento de uma pesquisa, os dados obtidos são devidamente tabulados, ou seja, dispostos em forma de tabelas para melhor visualização e compreensão dos dados puros. Em seguida, são processados, manual ou eletronicamente, para que deles se obtenham os resultados de sua significação. Por exemplo, em uma amostra de 1.000 indivíduos consultados, qual é a porcentagem dos que apresentam disposição de votar em determinado candidato? Esse é apenas um dos vários cálculos que a estatística proporciona, o qual pode originar uma informação confiável. Nesse caso, mostra-se apenas um valor absoluto e central – o percentual de intenções de voto; porém, existem outros que oferecem uma ideia de valores centrais, em que se considera a média. Sobre isso, Lima (2002) apresenta um caso hipotético: ao se colocarem duas pessoas diante de dois frangos assados, uma delas come ambos. Calculando-se a média de dois frangos para duas pessoas, há um frango para cada uma. Então, mesmo que uma pessoa tenha comido os dois frangos, pela média, ambas estão bem-alimentadas, o que, em valores reais e absolutos, não espelha a verdade.

Na situação ilustrada, embora a média esteja correta, há determinada dispersão em torno dela e um desvio-padrão. Esses valores, denominados *variância* e *dispersão*, acusam quanto a realidade pode estar afastada da média.

O desvio-padrão – raiz quadrada da variância – aponta o distanciamento entre as possíveis realidades e a média obtida. Quando determinado grupo apresenta um desvio-padrão mais elevado que outros, significa que aquele tem um grau mais elevado de heterogeneidade, pois se afasta da homogeneidade presente no grande grupo. Nesse caso, a reação do grupo em questão ao candidato pode não condizer com a representada pela amostra.

> **Leitura complementar**
>
> *Como são feitas as pesquisas eleitorais*
> Você já foi entrevistado ou conhece alguém que respondeu questões para uma pesquisa eleitoral? Boa parte dos cidadãos costuma ter curiosidade a esse respeito, mas as qualificações para ser selecionado pelos institutos que realizam os levantamentos não são muito conhecidas do público, assim como quais detalhes, exigências e recortes populacionais tornam o resultado da pesquisa factível.
>
> — Para ser representativa, ela precisa ser aleatória, estar associada a um determinado nível de confiança e a uma margem de erro – explica Marcos Ruben Oliveira, estatístico do DataSenado.
>
> Isso significa dizer que para responder a um questionário de intenção de votos um eleitor precisa ser sorteado na loteria dos institutos de pesquisa. Eles escolhem os entrevistados depois de definida a quantidade de pessoas a serem ouvidas, a partir de um cálculo que considerará a margem de erro (a variação possível em torno do resultado) e o nível de confiança (a quantidade de vezes que a pesquisa dará resultado semelhante se for repetida).

Esse cálculo, como exige a lei, deve ser feito por um estatístico, para garantir que o processo de seleção seja bem feito e com a técnica adequada, frisa Marcos.

— Só o que não depende do estatístico é um questionário bem feito e a análise dos dados – afirma ele.

Amostra

De acordo com Marcos Oliveira, o primeiro passo para a realização do levantamento é a definição do público-alvo. No caso da pesquisa eleitoral para governador, por exemplo, os eleitores de um estado; para a Presidência da República, todos os 142,8 milhões de eleitores brasileiros. Ele ressalta um dado interessante: os votantes do exterior também deveriam ser ouvidos para retratar mais fielmente as intenções de sufrágio. Afinal, são mais de 350 mil que participam da escolha do presidente estando fisicamente em outro país.

— Mas deixá-los de fora não invalida uma pesquisa – salienta.

Definido o público-alvo e calculada a quantidade de pessoas a ser entrevistadas a partir do cálculo estatístico, é preciso definir a amostragem, que deve ser feita sem intervenção humana, como se fosse um sorteio. A forma desse "sorteio" varia muito, afirma Marcos.

Na amostragem aleatória simples, no caso da pesquisa eleitoral para presidente, poderiam ser escolhidos brasileiros em geral ao acaso. Mas provavelmente ficariam de fora eleitores de estados menos populosos como o Acre e apareceriam muitos eleitores de São Paulo, Rio de Janeiro e Minas Gerais, maiores colégios eleitorais, o que impediria a obtenção de um perfil de votação nos estados. A aleatória simples é a mais fácil, mas não é recomendável para um país com a diversidade cultural, econômica e dimensões do Brasil.

Os grandes institutos de pesquisa, como o Ibope e o Datafolha, utilizam a amostragem aleatória estratificada, que também é utilizada pelo DataSenado. Ela divide a população-alvo pelos 27 estados da federação. Alguns aplicam ainda uma variante desse tipo de amostragem, com divisões por renda, idade, escolaridade ou gênero: a amostragem estratificada por cotas. Isso significa dizer que, se numa cidade a população feminina é de 60% e a masculina é de 40%, tenta-se reproduzir esse universo ouvindo a mesma proporção de mulheres e homens na pesquisa. O estatístico calcula quantas pessoas serão ouvidas com base nos dados demográficos do IBGE.

Entretanto, na opinião de Marcos, definir cotas afeta em parte a aleatoriedade, um dos requisitos para uma pesquisa representativa. Por isso, esse recurso não é uma unanimidade entre os institutos, nem é usado no DataSenado.

— Interfere na probabilidade de seleção, você perde um pouco de aleatoriedade, mas dado o universo de entrevistados, esse resultado acaba não aparecendo muito. Mas teoricamente é menos precisa – observa.

O perfil dos eleitores que responderão às questões é escolhido a partir de um banco de dados. Uma das principais fontes utilizadas para essa coleta é o Instituto Brasileiro de Geografia e Estatística (IBGE), que divide a população nos chamados setores censitários, considerando ainda as informações da Justiça Eleitoral, revela o estatístico. Os setores censitários são unidades territoriais definidas pelo IBGE para orientar a distribuição espacial da população, sendo mais de 200 mil em todo o Brasil. Para exemplificar, os blocos ABCD e E da SQS 203, na Asa Sul, em Brasília, formam um setor censitário, e os blocos FGHI e J, outro, explica Marcos. No IBGE, também há informações sobre faixa etária, cor e renda, entre outros dados.

Sorteados os setores para a pesquisa, os domicílios a serem visitados localizam-se nessa área. O setor censitário é um critério geográfico para facilitar a escolha do eleitor, que deve ser ouvido pessoalmente, em campo, já que pesquisar pelo telefone também afeta a aleatoriedade, observa Marcos. Afinal, apenas pouco mais de 50% da população têm telefone fixo, e uma grande parcela não teria chance de ser entrevistada por esse critério, o que afrontaria a isenção da pesquisa.

Tamanho
O que diferencia o tamanho da amostra é a margem de erro com a qual o instituto trabalha e o nível de confiança atribuído à margem de erro, explica o servidor do DataSenado. Os dois conceitos são associados. Quanto menor a margem de erro e maior a confiança, mais pessoas precisam ser ouvidas.

Os índices que se tornaram padrão no mercado são 2 pontos percentuais de margem de erro com 95% de nível de confiança. Isso significa dizer que, se a pesquisa for repetida 100 vezes, em 95 delas os resultados estarão dentro da variação de 2 pontos percentuais para mais ou para menos. Uma pesquisa com essas variáveis precisa ouvir 2.401 eleitores. No DataSenado, a margem de erro utilizada é de 3 pontos, e para isso é necessário ouvir nacionalmente 1.068 pessoas.

De acordo com Marcos Oliveira, o cálculo estatístico é preciso. Se for fixada a entrevista de 2 mil pessoas, vai se chegar a um resultado e, se forem entrevistadas 3 ou 4 mil, o resultado continuará sendo muito semelhante.

— Então, se com 2 mil eu tenho a precisão que eu queria, por que entrevistar mais pessoas? Não precisa. Você pode fazer esse teste várias vezes e vai comprovar que isso ocorre – detalha.

Para comparação, uma pesquisa com 99% de nível de confiança e margem de erro de 0,01 ponto percentual para mais ou para menos precisa ouvir 16.588 pessoas. Já uma pesquisa com 99,9% de nível de confiança e margem de erro de 0,001 pontos precisaria ouvir 2.703.233 eleitores. Sem margem de erro, só a realização de um censo, completa o estatístico.

Alguns institutos, lembra Marcos, fazem pesquisa por cotas em zonas de grande circulação, que julgam concentrar determinado estrato de eleitores. Segundo diz, essa amostragem não é aleatória, e a margem de erro e o nível de confiança de levantamentos assim não podem ser assegurados.

Erros

Ao contrário do que parece, os institutos não estão errando mais em suas pesquisas de intenção de votos, acredita Marcos Oliveira. Para ele, o que pode estar acontecendo é o fato de mais pesquisas estarem sendo realizadas e os erros se tornarem mais evidentes. Pelo padrão do mercado, de cada 100 pesquisas, 5 podem estar erradas.

— Toda pesquisa pode errar porque não é precisa, é uma amostragem. Sempre tem a possibilidade de cair na margem de erro e no nível de confiança. Em 95% das vezes a pesquisa vai acertar, mas sobrou 5% de possibilidade de erro – diz.

> Um erro clássico das pesquisas eleitorais foi o cometido pelo instituto que dava como certa a vitória de Fernando Henrique Cardoso para a prefeitura de São Paulo, em 1985. Antes da apuração, o ex-presidente até tirou fotos na cadeira de prefeito. Com as urnas abertas, sagrou-se vencedor o concorrente, Jânio Quadros. Mais recentemente, em 2010, também em São Paulo, os institutos apontavam a vitória de Marta Suplicy (PT) e do candidato Netinho de Paula para as duas vagas do Senado, mas quem saiu vencedor foi Aloysio Nunes (PSDB).
>
> Outro fator que pode induzir ao erro é um questionário mal-elaborado. Se o entrevistador faz uma pergunta tendenciosa, provavelmente captará uma tendência que não é verdadeira. Para Marcos, enviesar a pergunta é falta de ética ou de preparo técnico.

Fonte: Senado Federal, 2014.

Síntese

Neste capítulo, evidenciamos a importância das pesquisas de opinião. Para elaborar suas propostas de campanha, o candidato precisa entender a realidade da região e conhecer as demandas do eleitor. Assim, a pesquisa eleitoral é a melhor forma de se conhecer o reduto, com as necessidades e as reivindicações dos cidadãos. Por meio de pesquisas quantitativas, podem-se buscar índices generalizados sobre as características de determinado local e até mesmo sobre o ponto de vista de seus habitantes. Por outro lado, as pesquisas qualitativas possibilitam conhecer o eleitor em profundidade; com os resultados em mãos, o candidato e sua equipe podem elaborar ou adaptar seus planos de ação e sua plataforma, definindo, assim, o modo como será realizada a propaganda eleitoral em dado território.

Questões para revisão

1. A pesquisa qualitativa possibilita o esclarecimento das razões dos números, ou seja, explica, por exemplo, por que determinado número de eleitores prefere um candidato aos outros.

   Essa pesquisa leva em consideração:
   a) a amostra probabilística.
   b) a variância.
   c) o roteiro de pesquisa.
   d) o questionário estruturado.
   e) gráficos e generalizações.

2. Ao contratar uma empresa para a elaboração do planejamento de campanha, a equipe de trabalho do candidato deve estar ciente do método que será usado. Sobre o método qualitativo, marque (V) para as afirmativas verdadeiras e (F) para as falsas:
   ( ) O método qualitativo utiliza a comunicação e a observação.
   ( ) No método qualitativo, os elementos básicos da análise são as palavras e as ideias.
   ( ) O método qualitativo é mecanicista, ou seja, as partes são iguais ao todo.

   Assinale a alternativa que apresenta a sequência correta:
   a) V, V, V.
   b) V, V, F.
   c) V, F, V.
   d) F, V, V.
   e) F, F, V.

3. Com relação ao uso do método quantitativo no planejamento de campanha, marque (V) para as afirmativas verdadeiras e (F) para as falsas:
( ) No método quantitativo, o foco é complexo e amplo.
( ) O método quantitativo possibilita análises estatísticas.
( ) No método quantitativo, o raciocínio é lógico e dedutivo.

Assinale a alternativa que apresenta a sequência correta:
a) V, V, V.
b) V, V, F.
c) V, F, V.
d) F, V, V.
e) F, F, V.

4. O que é o Sime e quais são suas funções?

5. Explique o que é uma pesquisa de *recall*.

Para saber mais

Fundado há mais de 70 anos, o Ibope Inteligência é a 13ª maior empresa de pesquisa do mundo. No Brasil, segue rigorosamente os códigos de ética da Associação Brasileira de Empresas de Pesquisa (Abep) e da Sociedade Europeia de Pesquisas de Opinião e Mercado (Esomar). Para conhecer em detalhes essas associações, acesse os *sites* indicados a seguir:

IBOPE. Disponível em: <http://www.ibope.com.br>. Acesso em: 22 jun. 2017.
ABEP – Associação Brasileira de Empresas de Pesquisa. Disponível em: <http://www.abep.org>. Acesso em: 22 jun. 2017.
ESOMAR – European Society for Opinion and Marketing Research. Disponível em: <https://www.esomar.org>. Acesso em: 22 jun. 2017.

Perguntas & respostas

1. Por que as pesquisas de opinião são importantes em uma campanha eleitoral?

Resposta: Porque mostram claramente as tendências do eleitorado e suas aspirações e, portanto, permitem ao candidato que oriente sua campanha levando em conta esses fatores.

2. O que são pesquisas quantitativas?

Resposta: Bastante conhecidas pelo eleitorado, as pesquisas quantitativas proporcionam ao candidato e a sua equipe informações valiosas para a campanha, as quais são muito úteis para o acompanhamento da evolução do candidato e também da concorrência. Entre essas informações, destacam-se as relacionadas aos níveis de aceitação e de rejeição dos postulantes.

3. O que são pesquisas qualitativas?

Resposta: As pesquisas qualitativas envolvem o desenvolvimento e o aperfeiçoamento de novas ideias e abordam pequenos grupos de entrevistados por meio de um roteiro; podem ser entrevistas individuais ou de grupos focais. Neste caso, um mediador conduz uma discussão com aproximadamente dez pessoas, das quais extrairá o raciocínio, as novas descobertas, as ideias e as interpretações para, posteriormente, analisá-las.

Capítulo 5
Materiais de campanha eleitoral

Conteúdos do capítulo:

- Materiais disponíveis para uma campanha eleitoral.
- Regras para a utilização dos materiais.
- Propaganda em mídias.
- Importância do material de campanha.

Após o estudo deste capítulo, você será capaz de:

1. compreender a importância do material para o bom desempenho da campanha eleitoral;
2. entender as regras para cada material de campanha;
3. desenvolver materiais de campanha.

Os materiais de campanha – principalmente os impressos, como panfletos, malas diretas, santinhos, programas de governo e cartazes – são coadjuvantes no processo, sobretudo pelo pouco tempo disponível ao horário eleitoral gratuito no rádio e na televisão.

Convém ressaltarmos que as regras para a elaboração deles devem ser obedecidas, senão o processo de comunicação pode ser prejudicado. Por exemplo, anúncios em jornais ou em panfletos podem repercutir, reiterar ou registrar informações transmitidas por outras mídias, como televisão, rádio e internet.

Tais materiais fazem parte das atividades de comunicação, as quais são supervalorizadas em razão de sua importância perante o eleitorado. O avanço tecnológico influencia as diferentes formas de propaganda eleitoral, portanto os meios digitais são cada vez mais usados para a divulgação de um candidato.

(5.1)
Propaganda política: mídia impressa

No tocante à publicidade eleitoral, para se comunicar com os eleitores de forma eficiente, o candidato pode se utilizar de códigos de linguagem, os quais devem ser reconhecidos tanto pelo emissor da mensagem quanto pelo receptor. Assim, ao conhecer os códigos utilizados pelo público, o político pode comunicar suas ideias de forma persuasiva, qualificando esforços para a obtenção de votos.

Além disso, a propaganda política visa **conquistar simpatizantes** à causa eleitoral do candidato. Para isso, ela deve divulgar informações concisas e objetivas, evitando excessos, pois estes podem confundir o eleitor. A apresentação de poucos conteúdos, com foco nos pontos positivos do candidato, permite que os eleitores os mantenham na memória.

5.1.1 Cartaz

Uma das principais vantagens dos cartazes em relação a outros materiais de propaganda é a possibilidade de concentrá-los em áreas geográficas delimitadas a um custo bem baixo. Trata-se de um excelente instrumento de divulgação do candidato, em que ficam visíveis, principalmente, sua foto e seu número.

No entanto, muitas vezes, ocorre uma guerra por espaço. É comum um cartaz ser fixado sobre o outro, o que deixa a cidade suja e a população aborrecida.

Figura 5.1 – Exemplo de cartaz

Outro ponto de destaque nos cartazes são as frases de efeito, que contêm a ideia central de uma campanha. A frase "fulano é gente da gente que vem para cuidar da gente", por exemplo, pode aproximar o candidato dos eleitores.

5.1.2 Cartazete, santinho e mala direta

Cartazetes e santinhos são boas formas de propaganda, pois podem facilmente chegar às mãos dos eleitores, principalmente nos momentos decisivos da campanha. Tais materiais devem apresentar os principais pontos da plataforma e, ao mesmo tempo, servir como um quebra-gelo em ações de panfletagem.

Nos santinhos, podem constar o nome, o número, o partido e a história do candidato, além de telefones úteis, calendários e até mesmo uma "colinha" para o dia das eleições.

Figura 5.2 – Exemplos de santinhos (frente e verso)

Já a mala direta, enviada à sociedade pelo correio, tem como principais vantagens a alta seletividade e a possibilidade de uma comunicação personalizada com os eleitores. Como as pessoas a recebem em seu local de trabalho ou em sua residência, há maior disponibilidade para sua leitura; por isso, o candidato deve ser eficaz nesse tipo de comunicação. Em virtude do tamanho desse material, além da inserção de imagens, o candidato pode explicar as propostas mais a fundo.

Figura 5.3 – Exemplo de mala direta

3 MOTIVOS PARA VOTAR NO FULANO DA SILVA

1 GENTE DA GENTE

Fulano da Silva, residente em Aspo desde o nascimento, sabe dos problemas da comunidade central e o que é preciso ser feito para corrigi-los.

2 INCENTIVO AOS JOVENS

Ativo nos programas de incentivo e apoio aos jovens desde 1992, Fulano da Silva pretende aumentar o número de centros de ajuda e, com isso, melhorar o conhecimento técnico dos novos trabalhadores.

3 ENSINO E TRABALHO

Fulano da Silva, em toda a sua trajetória pessoal e profissional, sempre pensou muito nos estudantes e nos trabalhadores. Eleito, poderá concretizar projetos que farão da comunidade de Aspo um lugar melhor.

PB
PARTIDO DO BRASIL

GENTE DA GENTE

VEREADOR
FULANO DA SILVA 00000

Daniel Klein

(5.2)
Eventos/comícios

Ao participar de eventos, o candidato estabelece contato direto com os eleitores. Além disso, os eventos, na medida em que são noticiados pela imprensa, possibilitam a ampliação da publicidade para o postulante.

Para minimizar a ocorrência de falhas no evento, as quais podem comprometer a imagem do candidato, é importante elaborar previamente um planejamento que abranja desde sua chegada ao local até sua saída.

Uma situação bastante constrangedora é a ausência de público. Portanto, deve-se evitar, ao máximo, a existência de lugares vagos, cabendo à organização prever tal possibilidade e, se necessário, complementar esses espaços. Em muitos casos, o evento não precisa ser grande, mas a afluência de pessoas é essencial, pois demonstra ao público que o candidato é notado.

É indispensável o candidato saber para quem e o que vai discursar e conhecer as expectativas de cada grupo. Sua fala deve sempre começar com um assunto que desperte a atenção dos espectadores, como uma piada ou uma frase de efeito.

Os discursos normalmente são divididos em duas partes: uma ampla, que trata da política de modo geral, e outra mais específica, na qual o candidato deve apresentar propostas para a solução dos problemas de seus ouvintes.

O comício é um dos grandes momentos da campanha, quando o candidato tem a chance de dirigir-se pessoalmente a uma multidão, com vistas a reforçar a todos os presentes que estão fazendo a escolha certa. Vale destacarmos que conselhos advindos de outros políticos experientes também podem ajudar o candidato nesse momento. O êxito desse tipo de encontro depende de vários fatores: divulgação do evento com antecedência, para que toda a população tenha ciência de sua realização; localização de fácil acesso para a maioria da população; segurança; entre outros.

Por questão de estratégia, para que o evento seja bem-sucedido, é preciso verificar o nível de aceitação do candidato e do partido em determinados nichos eleitorais. Um evento com público reduzido pode gerar dúvidas aos poucos participantes, até mesmo àqueles que já haviam definido seu voto.

Muitas vezes, é preferível realizar pequenos comícios ou até mesmo comícios-relâmpago, devendo-se escolher locais adequados e frequentados por uma ampla quantidade de pessoas. Eles podem, inclusive, funcionar como um ensaio para comícios de maior porte, que reúnem grandes massas.

O comício deve contagiar o público, fazendo com que a massa participante seja um só corpo. A farta presença de símbolos, como adesivos, *bottons*, estandartes e bandeiras, além de dar visibilidade ao evento, une as pessoas em torno de uma ideia e as motiva ainda mais.

A realização de comícios e a utilização de aparelhagens de sonorização fixas são permitidas entre 8 horas e meia-noite, com exceção do evento de encerramento da campanha, que pode ser prorrogado por mais duas horas, ou seja, encerrar às 2 horas. É proibida a realização de showmícios ou de eventos semelhantes para a promoção de candidatos.

O comício deve ser conduzido por um bom comunicador, que manterá as pessoas atentas ao que ocorre no palco. O tempo destinado a cada orador deve ser planejado com antecedência; para que o evento não se torne cansativo e o público sinta prazer em estar ali, as falas devem ser breves e ressaltar apenas os pontos necessários. Para empolgar o público, os oradores precisam lançar mão de frases de efeito, porém nem todos se sentem suficientemente seguros e preparados para isso. Pessoas com dificuldades para se expressar em público podem fazer cursos de oratória, os quais incluem técnicas de preparação de discurso, argumentação, entonação, vocalização, entre outras. Ministrados por especialistas de diversas áreas da comunicação, tais cursos podem melhorar bastante a oratória de um candidato.

O Sistema de Monitoramento de Eventos (Sime[1]) é uma ótima forma de o candidato manter-se informado dos eventos que ocorrem nos níveis federal, estadual e municipal. Sua assessoria pode elaborar uma relação prévia deles e verificar em quais sua participação é mais relevante.

Os eventos realizados em associações de moradores, comunitárias, esportivas ou de classe, como festas e reuniões comemorativas, são excelentes oportunidades para um candidato divulgar seu nome e sua imagem. Tais entidades podem garantir ao candidato vantagens em termos de votos e de simpatias, desde que alguns pontos de sua plataforma sejam favoráveis aos congregados.

Ao apoiar um candidato, a diretoria de uma entidade poderá vir a receber críticas de alguns de seus membros, pois muitos certamente encararão tal atitude como uma troca de vantagens pessoais. Nesse caso, o candidato precisa deixar claro que os benefícios são para toda a classe e deve demonstrar gratidão aos filiados, de modo que não haja mal-entendidos. Em situações como essa, o candidato deve abordar, com conhecimento de causa, os problemas mais prementes da coletividade.

---

1   Atente-se para o fato de que, no Capítulo 4, a sigla Sime refere-se ao Sistema de Informação de Marketing Eleitoral e, neste capítulo, ao Sistema de Monitoramento de Eventos. Este foi desenvolvido e aprimorado a partir de componentes do Sistema de Monitoramento de Eventos da Organização Mundial da Saúde. Após o uso rotineiro no Centro de Informações Estratégicas de Vigilância em Saúde (Cievs) da SVS/MS e nos demais centros estaduais e municipais, a Organização Panamericana da Saúde estabeleceu parceria com a SVS/MS para sua tradução e sua disponibilização aos países de língua espanhola na América Central e na América do Sul.

(5.3)
RÁDIO

O rádio é um instrumento de comunicação muito importante para qualquer projeto de campanha eleitoral. Segundo a Associação Brasileira des Emissoras de Rádio e Televisão – Abert (2014), estatísticas mostram que, em cada casa, existem, em média, de dois a três receptores de rádio. As populações de baixa renda e a juventude estão entre os principais ouvintes, bem como taxistas, porteiros de prédios, empregadas domésticas e diaristas.

Algo interessante de se fazer em programas de rádios são os chamados *jingles*, que são as propagandas cantadas.

O rádio se sobressai às demais mídias porque as pessoas podem ter outros afazeres e ouvi-lo ao mesmo tempo. Isso não ocorre, por exemplo, com a televisão, que requer atenção total do telespectador.

(5.4)
TELEVISÃO

A televisão é o meio de comunicação número 1 no que se refere à propaganda política. Isso porque, em nossa sociedade, a cultura visual é muito forte. Além de explorar bastante sua imagem, o candidato pode apresentar seus programas e se comunicar simultaneamente com milhões de pessoas; a conversa "olho no olho" é imprescindível para a conquista de eleitores. Cenas do candidato em comícios e nas ruas transmitem à população a ideia de que o candidato está próximo dela.

(5.5)
COMITÊS DE CAMPANHA

O comitê é o centro aglutinador de todas as atividades políticas e o local onde o candidato, os militantes, os eleitores e todos os demais envolvidos na campanha se concentram. Nele também fica o centro de distribuição de materiais de campanha, no qual são encontrados faixas, jornais, informativos, estandartes, adesivos, brindes e santinhos.

Geralmente, há um comitê central e outros menores, dependendo do tamanho da cidade. Nos últimos anos, têm sido criados comitês especializados, como o da juventude, o da mulher e o do operário. Os cuidados necessários para a manutenção da dinâmica operacional e da integridade patrimonial de tais espaços são de responsabilidade do coordenador de campanha.

(5.6)
CARROS DE CAMPANHA, ENVELOPAMENTO DE VEÍCULOS E ADESIVOS PERFURADOS PARA CARROS

Carros de campanha são utilizados para a propaganda do candidato e para o recolhimento de placas espalhadas pelos locais do pleito. Nos carros de campanha, há adesivos nas portas, bagageiros adaptados para som e painéis e *kits* de sonorização.

A Lei n. 9.504, de 30 de setembro de 1997 (Brasil, 1997), assim dispõe sobre a utilização de carros de som e alto-falantes:

Art. 39. [...]

[...]

§ 3º O funcionamento de alto-falantes ou amplificadores de som, ressalvada a hipótese contemplada no parágrafo seguinte, somente é permitido entre as oito e as vinte e duas horas, sendo vedados a instalação e o uso daqueles equipamentos em distância inferior a duzentos metros:

I – das sedes dos Poderes Executivo e Legislativo da União, dos Estados, do Distrito Federal e dos Municípios, das sedes dos Tribunais Judiciais, e dos quartéis e outros estabelecimentos militares;

II – dos hospitais e casas de saúde;

III – das escolas, bibliotecas públicas, igrejas e teatros, quando em funcionamento.

O envelopamento de veículos é uma solução eficaz para aumentar a visibilidade da marca do candidato e do partido, visto que tem baixo custo e abrange um grande público. Para tanto, utiliza-se a impressão de grande formato para transferir o arquivo para o vinil adesivo, que será aplicado diretamente sobre a lataria do veículo. Os adesivos perfurados, por sua vez, são excelente ferramenta para divulgar no vidro do carro o candidato (nome e foto), seu número e seu partido, pois não prejudicam a visibilidade.

Figura 5.4 – Exemplos de adesivagem em carro

Segundo a legislação eleitoral, esses adesivos podem ser utilizados em veículos particulares até a extensão total do para-brisa traseiro e, em outras posições, deverá ter a dimensão máxima de 50 cm × 40 cm (Brasil, 1997). Um dos maiores benefícios de adotar carros como comunicação de campanha é atuar diretamente nas ruas, próximo ao eleitorado.

(5.7)
Panfletagem e *bikedoor*

Panfletagem é um item de comunicação impressa, porém, de tão importante – e por ser a prática mais utilizada –, decidimos apresentá-la em separado, aliando-a a uma nova ferramenta: a *bikedoor*.

A distribuição de panfletos é realizada em locais de maior concentração ou de grande fluxo de pessoas, como calçadas de ruas movimentadas, praças, feiras, cruzamentos de trânsito com semáforos e muitos outros lugares, a fim de promover a imagem do candidato e sua plataforma, tornando-o mais conhecido. Os materiais são distribuídos ao público mediante rápida abordagem – apenas o tempo da entrega do panfleto – atingindo grande número de passantes.

É necessário que a panfletagem observe, com antecedência, as áreas mais propícias para atingir o público-alvo. Para isso, a região de abrangência deve ser mapeada, identificando previamente os locais de atividades do tipo de público definido e os períodos mais adequados para que se alcance o máximo de pessoas. Contudo, esse tipo de ação deve ser colocado em prática com maior intensidade em momentos mais próximos da eleição, uma vez que é nos dias finais que são definidos muitos dos votos dos eleitores. Portanto, é nessa hora que o candidato tem de ratificar seu nome com o eleitorado, e a panfletagem é uma das formas de fazê-lo.

A *bikedoor* é um modo criativo e diferente de realizar as ações de propaganda política em pontos estratégicos. A exposição de nome, número, partido e *slogan* do candidato por meio da *bikedoor* propicia maior memorização dos dados. Esse veículo ainda permite uma aproximação entre o eleitor e a mensagem, tendo em vista que viabiliza a entrada em locais de difícil acesso, como calçadões, praias, *shows* e eventos.

(5.8)
INTERNET E REDES SOCIAIS

Com o advento da internet, a comunicação assumiu um nível de agilidade extremamente maior que outrora, pois uma informação pode "viralizar" em segundos e atingir milhões de pessoas. Machado (2017) esclarece alguns pontos:

- É permitida a veiculação gratuita de propaganda em sites de partidos, candidatos e coligações, desde que os endereços sejam comunicados à Justiça Eleitoral e hospedados em provedores estabelecidos no Brasil.
- Também estará liberada a propaganda eleitoral por meio de blogs, redes sociais, sites de mensagens instantâneas ou ferramentas semelhantes, cujo conteúdo seja gerado ou editado por candidatos, partidos ou coligações.

A aproximação do candidato com o eleitor nas redes sociais é estreita e confere mais pessoalidade à relação. Esse aspecto é observado pelo eleitorado, que poderá questionar o político diretamente e obter dele uma resposta individual, diferentemente de um comício ou um debate televisivo, nos quais outras pessoas elaboram e fazem as perguntas e o eleitor apenas assiste. Esse diálogo direto faz com que o eleitor se sinta importante, o que aumenta as chances de o candidato obter votos – pelo menos mais chances que um oponente que não faz uso dessa ferramenta.

A proximidade pessoal, que supera todas as outras formas de contato com o eleitor, proporciona o grande diferencial desse tipo de *marketing*, que, bem dirigido e administrado, poderá, sem dúvida, ser fator de captação de muitos votos. O eleitor e o candidato terão um canal rápido de comunicação, pelo qual estarão em contato pessoal de forma mais informal que em um evento. As dúvidas podem ser respondidas e as sugestões – na maioria das vezes bem numerosas, haja vista a agilidade e o volume de contatos – podem ser analisadas e colocadas em prática se pertinentes.

A comunicação direta e rápida permite que o candidato avalie os principais anseios de determinado estrato da sociedade, seja pela conversação simples, seja por pesquisas a ser realizadas rapidamente por intermédio das mídias sociais. Se essas pesquisas forem feitas pela própria equipe do político, certamente serão altamente confiáveis. Assim, as mídias sociais, sem dúvida, são fator de vantajoso *marketing* eleitoral.

Os dois grandes pontos de apoio do *marketing* político via redes sociais são a **interação** – comunicação entre eleitor e candidato, que é, como dito, quase coloquial – e o **engajamento** – cada interlocutor é um potencial um multiplicador, pois, pelas próprias redes sociais ou em seu dia a dia, tem condições de aumentar o número de pessoas que terão conhecimento do candidato e de sua plataforma (Valle, 2015). Nesse tipo de mídia, é necessário que o candidato insira de maneira simples e direta seu programa de governo, sua plataforma e as demais informações a serem transmitidas ao eleitor.

A cada eleição, a disseminação do acesso às informações pela internet fica mais evidente, o que cria uma consciência que não pode ser ignorada pelos políticos. De certo modo, a população conquistou sua posição com voz ativa na construção do futuro de suas vidas pelo meio digital.

No Brasil, as principais redes sociais são o Facebook e o Twitter, nas quais a população se une em torno de diferentes causas, seja para as benfeitorias de um político, seja para combater a corrupção, a impunidade e o descrédito nas instituições públicas. O candidato, entretanto, pode se utilizar dessas manifestações como fonte de pesquisa *on-line*. O monitoramento de tendências, as menções e as percepções podem agregar valor na desenvoltura da campanha.

As mudanças estão aí, e a capacidade de leitura dessa mensagem é um grande trunfo. Assumir um posicionamento pessoal ajuda muito na eleição de um candidato. Nas propagandas digitais, é necessário que o político evidencie sua proposta e imagem pessoal para que o eleitor se identifique de maneira mais efetiva.

A história mostra que os grandes momentos de mudanças sociais são provocados pela surdez dos participantes políticos em relação às massas. Nesse sentido, um aspirante a representante político que se faz indiferente àquilo que circula nas redes sociais busca o suicídio político a médio e curto prazos. É extremamente importante que ele aprenda a interpretar o que ocorre nesse meio em termos de *marketing* político, sob risco de presenciar seu primeiro discurso sem plateia.

As redes sociais devem ser monitoradas, principalmente no caso de adotá-las como veículo de publicidade de uma campanha política. Esse acompanhamento mantém o candidato a par do que ocorre em relação a seu nome, à sua imagem e à forma de aceitação de sua candidatura pelo público. Portanto, é preciso verificar e conferir como seu nome circula entre os frequentadores das redes sociais, que são numerosos e trocam informações entre si.

O certo é que, para aproximar o político do público, as redes sociais são mais eficientes que outros veículos de comunicação. Na propaganda disponibilizada por esse canal, a informação deve ser concisa, a fim de que não ocorra excesso que possa confundir o eleitor. É possível também relatar a história do candidato, como político e pessoa, demonstrando suas capacidades e dificuldades, o que o aproxima ainda mais de seu provável eleitor.

(5.9) Cuidados finais

Os materiais de divulgação devem ter uma boa qualidade, com o intuito de chamar a atenção do eleitor e transmitir a informação desejada. Contudo, ao mesmo tempo, não pode ter um custo muito elevado, pois os gastos na campanha são muito controlados. Além disso, os materiais precisam ser guardados em locais específicos, não raro nos próprios comitês, para diminuir custos e empregar a verba em outras necessidades inerentes à campanha.

A Lei n. 9.504/1997, no art. 37, parágrafos 6º e 7º, permite, no horário das 6 horas às 22 horas, a colocação de mesas para distribuição de material de campanha e o uso de bandeiras nas vias públicas, desde que sejam móveis e que não dificultem o trânsito de pessoas e veículos (Brasil, 1997). Os candidatos devem contratar mão de obra justamente para o trabalho de colocação e retirada de materiais por toda a cidade, a fim de evitarem a aplicação de multa.

A propaganda, no dia da eleição, é terminantemente proibida e somente o eleitor pode manifestar sua preferência – porém de modo individual e silencioso (por meio do uso de broches, por exemplo). Os materiais devem ser colocados em locais estratégicos que permitam mais visibilidade, fazendo com que o eleitor memorize os dados do candidato. Essa é a ideia de todos os pretendentes a cargos públicos, razão por que muitas vezes há placas de candidatos oponentes umas ao lado das outras, principalmente em vias mais movimentadas. Cabe aos cabos eleitorais definirem locais estratégicos para colocá-las.

> **Leitura complementar**
>
> *Tiririca se transforma em Darth Vader no horário eleitoral*
> O comediante Tiririca, mais uma vez, usou o espaço de seu partido, o PR, para fazer humor no horário eleitoral. Desta vez, Francisco Everardo Oliveira Silva (PR), candidato à reeleição para o cargo de deputado federal por São Paulo, parodiou uma das mais clássicas cenas do cinema: o momento em que Darth Vader revela ser o pai de Luke Skywalker em "Star Wars".
> Usando imagens originais do filme, os produtores do candidato inseriram a cabeça do comediante na antológica sequência, veiculada no anúncio da tarde deste sábado (6).

Na propaganda, a cena começou com Vader fazendo um pedido: "Luke, me ajude a tirar essa máscara". O personagem responde dizendo que, assim, ele iria morrer.

Essa frase ganhou a seguinte resposta do vilão de "Star Wars": "Que morrer que nada, eu vou me reeleger. Sabe de nada inocente. Você sabe quem eu sou? Sou eu... O Tiririca... Candidato a deputado federal... Peguei vocês, enganei vocês, vocês pensaram que fosse outra pessoa. Sou eu, o abestado". Luke, então, conclui: "você 'tá' muito louco".

Polêmica
Antes da paródia, Tiririca repetiu o anúncio em que imita o cantor Roberto Carlos e que lhe rende um processo judicial da gravadora do cantor, a Sony Music, por uso indevido da música "O Portão". Desta forma, o comediante, novamente, usou todo o tempo disponível do PR para apresentar seus candidatos a deputado federal em São Paulo.

A propaganda brinca com um comercial produzido pela Friboi com o cantor. O anúncio da marca foi veiculado no começo deste ano e provocou grande repercussão entre o público porque o músico se declarava vegetariano. Na peça eleitoral, Tiririca veste uma peruca e usa um terno branco para imitar Roberto Carlos.

Aos risos, o candidato repete bordões do cantor ao som da música "O Portão". O famoso refrão original, "Eu voltei, agora pra ficar, porque aqui, aqui é meu lugar", é substituído por "eu votei, de novo eu vou votar, Tiririca, Brasília é seu lugar".

Em seguida, o humorista espeta um pedaço de carne e diz: "Que bifões, bicho". Para ocupar a totalidade do tempo do PR, o quadro, na ocasião, foi exibido duas vezes seguidas.

> *"Efeito Tiririca"*
>
> Em 2010, Tiririca foi o candidato a deputado mais votado do país, com 1,4 milhão de votos. A votação expressiva foi suficiente para eleger outros três parlamentares da coligação: Otoniel Lima (PRB), Delegado Protógenes (PC do B) e Vanderlei Siraque (PT-SP).
> Nestas eleições, a aposta do PR é que Tiririca repita a votação de quatro anos atrás. Desta vez, no entanto, o humorista só ajudaria a eleger candidatos do próprio PR, uma vez que o partido não está coligado com nenhuma outra sigla na disputa para deputado federal.

Fonte: Tiririca..., 2014.

Síntese

Neste capítulo, enfatizamos a relação entre uma campanha eleitoral e a as peças publicitárias – para TV e rádio, os santinhos, os cartazes, entre outros materiais. Podemos afirmar que essa é a parte tangível da estratégia, ou seja, o resultado da veiculação da campanha nessas mídias constitui o aspecto concreto, ou seja, perfaz-se naquilo que as pessoas efetivamente têm acesso e que as impactam.

A decisão de se candidatar, a designação da equipe e a elaboração da plataforma são etapas internas, que se estruturam ao âmbito dos comitês e ficam ali restritas. O material de campanha é o que de fato chega às mãos e ao conhecimento do eleitor, sintetizando quem é o candidato e quais as suas propostas.

Assim, ao lado de sua equipe, um candidato deve ter o entendimento da real necessidade de materiais de campanha e de como isso pode ajudar na eleição, independentemente de qual for o cargo político a que aspira. É importante conhecer as peças publicitárias eleitorais que podem ser utilizadas e a forma como podem ser veiculadas conforme a legislação eleitoral vigente. E não se pode prescindir das mídias digitais, as quais se fortalecem a cada ano.

Questões para revisão

1. A informação, nas propagandas, deve ser concisa e objetiva, a fim de evitar excessos que possam causar confusão na mente do eleitor. Conteúdo selecionado que ressalte os aspectos positivos da candidatura permite que o eleitor fixe esses pontos e os mantenha na memória. Para que isso ocorra de forma satisfatória, conhecer as possibilidades de mídia de uma campanha é fundamental. Um dos materiais que pode ser adotado tem a vantagem de permitir uma concentração em áreas geográficas delimitadas a um custo bem baixo. Assinale a alternativa que indica o nome desse material:
    a) Cartazes.
    b) Adesivos.
    c) Santinhos.
    d) Mala direta.
    e) Propaganda de rádio.

2. Os eventos que ocorrem em uma campanha colocam o candidato em contato direto com os eleitores. Eles constituem mais uma importante peça de comunicação e fazem com que a imprensa os noticie, o que amplia a publicidade para o candidato. Sobre as diretrizes de um evento, marque (V) para as afirmativas verdadeiras e (F) para as falsas:

( ) É indispensável que o candidato conheça a expectativa de cada grupo, o que vai falar e para quem.

( ) É desejável que haja lugares vagos, e cabe à organização prever tal possibilidade e procurar complementar, se isso ocorrer.

( ) O discurso deve sempre começar com algo que desperte a atenção das pessoas, como uma piada, uma salva de palmas ou uma frase de efeito.

Assinale a alternativa que apresenta a sequência correta:
a) V, V, V.
b) V, V, F.
c) V, F, V.
d) F, V, F.
e) F, F, V.

3. Carros de campanha são utilizados para propaganda e para recolhimento de placas afixadas nos locais do pleito. O candidato e sua equipe devem observar a Lei n. 9.504/1997, que permite a utilização de carros de som e alto-falantes e o funcionamento de alto-falantes ou amplificadores de som entre as 8 horas e as 22 horas, além de proibir a instalação e o uso desses equipamentos em distância inferior a 200 metros de alguns lugares. Assinale os lugares que requerem distância mínima estabelecida pela legislação:
   i) Sedes dos Correios e de serviços postais.
   ii) Sedes dos quartéis e outros estabelecimentos militares.
   iii) Sedes dos Poderes Executivo e Legislativo da União, dos estados, do Distrito Federal e dos municípios.

a) I.
b) I e II.
c) I, II e III.
d) II e III.
e) I e III.

4. Qual é a vantagem de usar cartazes na campanha eleitoral?

5. Quais informações podem constar em um santinho?

Para saber mais

Sobre os assuntos tratados neste capítulo, confira as dicas apresentadas no *link* a seguir:

PLUGIN.WEB. **18 Dicas para um candidato vencer as eleições utilizando as redes sociais.** 16 maio 2016. Disponível em: <http://www.pluginweb.com.br/post-detalhes/18-dicas-rapidas-para-vencer-as-eleicoes-utilizando-as-diversas-redes-sociais>. Acesso em: 22 jun. 2017.

Perguntas & respostas

1. Como o avanço tecnológico influencia a propaganda política?
Resposta: O avanço tecnológico, a cada eleição, modifica as várias formas de propaganda eleitoral, incluindo cada vez mais o mundo digital como meio de divulgação de um candidato. Nesse sentido, a tecnologia, com suas redes sociais, possibilitou que os eleitores entrem em contato diretamente com seus candidatos.

2. O que deve conter nos materiais de campanha?
Resposta: Informações concisas e de qualidade, a fim de que, sem excessos, não confundam o eleitorado. Ressaltamos que não podem faltar o nome e o número do candidato, o partido a que pertence e uma de suas plataformas, visto que esses dados devem ser memorizados pelo eleitor.

3. Quais são as vantagens de utilizar cartazes para veicular propaganda?
Resposta: Os cartazes ocupam espaços reduzidos e apresentam baixo custo, constituindo-se em mídias ideais para locais específicos.

Capítulo 6
Legislação

Conteúdos do capítulo:

- Aspectos legais da campanha.
- Regras para diversos tipos de propaganda.
- Resoluções do Tribunal Superior Eleitoral.

Após o estudo deste capítulo, você será capaz de:

1. compreender as regras que regem uma campanha;
2. identificar o comportamento ideal do candidato desde o início da campanha até o dia da eleição;
3. aplicar as normas e as práticas legais a uma campanha eleitoral.

Durante nossa jornada, analisamos vários aspectos de uma campanha eleitoral, desde a decisão de uma pessoa a se candidatar a um cargo público, sua relação com os outros envolvidos, a criação de uma boa equipe, a importância de uma boa plataforma e de um planejamento de campanha estruturado, até a forma de aproveitamento máximo das pesquisas eleitorais. Agora, para concluir essa caminhada, abordaremos os aspectos legais de uma campanha.

Entender as normas que regem uma campanha é fundamental para a eficiência da comunicação, bem como para evitar ilegalidades que possam prejudicar a candidatura ou criar antipatia em relação ao candidato.

(6.1)
Aspectos legais iniciais

No planejamento de uma campanha eleitoral, o candidato e sua equipe devem observar toda a legislação incidente e os prazos correlatos. A Lei n. 9.504, de 30 de setembro de 1997 (Brasil, 1997), conhecida como *Lei Eleitoral*, assim estabelece:

> Art. 1º *As eleições para Presidente e Vice-Presidente da República, Governador e Vice-Governador de Estado e do Distrito Federal, Prefeito e Vice-Prefeito, Senador, Deputado Federal, Deputado Estadual, Deputado Distrital e Vereador dar-se-ão, em todo o País, no primeiro domingo de outubro do ano respectivo.*
>
> *Parágrafo único. Serão realizadas simultaneamente as eleições:*
> *I – para Presidente e Vice-Presidente da República, Governador e Vice-Governador de Estado e do Distrito Federal, Senador, Deputado Federal, Deputado Estadual e Deputado Distrital;*
> *II – para Prefeito, Vice-Prefeito e Vereador.*

*Art. 2º Será considerado eleito o candidato a Presidente ou a Governador que obtiver a maioria absoluta de votos, **não computados os em branco e os nulos**.*

*§ 1º Se nenhum candidato alcançar maioria absoluta na primeira votação, far-se-á nova eleição no último domingo de outubro, concorrendo os dois candidatos mais votados, e considerando-se eleito o que obtiver a **maioria dos votos válidos**.*

[...]

§ 4º A eleição do Presidente importará a do candidato a Vice-Presidente com ele registrado, o mesmo se aplicando à eleição de Governador.

*Art. 3º Será considerado eleito Prefeito o candidato que obtiver a maioria dos votos, **não computados os em branco e os nulos**.*

§ 1º A eleição do Prefeito importará a do candidato a Vice-Prefeito com ele registrado.

§ 2º Nos Municípios com mais de duzentos mil eleitores, aplicar-se-ão as regras estabelecidas nos §§ 1º a 3º do artigo anterior.

Art 4º Poderá participar das eleições o partido que, até um ano antes do pleito, tenha registrado seu estatuto no Tribunal Superior Eleitoral, conforme o disposto em lei, e tenha, até a data da convenção, órgão de direção constituído na circunscrição, de acordo com o respectivo estatuto.

(Brasil, 1997, grifo nosso)

Nesses primeiros artigos da Lei n. 9.504/1997, há alguns aspectos legais importantes, como as datas do primeiro e do segundo turnos das eleições, pois todos os prazos anteriores são vinculados a essas datas. Por exemplo, se a eleição for ocorrer no dia 5 de outubro e determinado candidato se filiou à legenda no dia 6 de outubro do ano anterior, não poderá concorrer. Outra questão que gera dúvidas se refere à realização de nova eleição se houver mais de 51% de votos brancos e nulos. Isso é improcedente, pois os arts. 2º e 3º se referem a "votos válidos", ou seja, "não computados os em branco e os nulos" (Brasil, 1997).

Quanto ao segundo turno das eleições, é essencial saber que a legislação eleitoral não prevê essa possibilidade em cidades com menos de 200 mil eleitores. Para a candidatura de vereador, tal norma não tem muito impacto, mas para prefeito sim. Nesse contexto, a campanha deve se ater a esses detalhes para ter um planejamento eficaz.

O art. 8º da Lei n. 9.504/1997 (Brasil, 1997) ainda dispõe sobre o prazo para escolha dos candidatos e coligações: entre 20 de julho e 5 de agosto do ano da respectiva eleição:

> *Art. 8º A escolha dos candidatos pelos partidos e a deliberação sobre coligações deverão ser feitas no período de 20 de julho a 5 de agosto do ano em que se realizarem as eleições, lavrando-se a respectiva ata em livro aberto, rubricado pela Justiça Eleitoral, publicada em vinte e quatro horas em qualquer meio de comunicação. (Redação dada pela Lei nº 13.165, de 2015).*
>
> *[...]*
>
> *§ 2º Para a realização das convenções de escolha de candidatos, os partidos políticos poderão usar gratuitamente prédios públicos, responsabilizando--se por danos causados com a realização do evento.*

Dessa forma, podemos afirmar que antes da convenção não há ninguém na condição de candidato, devendo ser denominado *pré--candidato*. Quem se apresenta como candidato antes do prazo previsto infringe a lei, configurando campanha política antecipada.

Ainda sobre o mesmo dispositivo legal, importante destacarmos seu parágrafo 2º, que permite a realização das convenções em prédios públicos, o que, com certeza, dá grande visibilidade à campanha; tanto o candidato quanto a equipe podem usar esse evento como o marco para o início da disputa eleitoral. A título de ilustração, veja a seguir um modelo de convite para uma convenção.

Figura 6.1 – Exemplo de convite para convenção

> **VENHA PARTICIPAR DA CONVENÇÃO DO VEREADOR FULANO DA SILVA!**
>
> VEREADOR **PB** PARTIDO DO BRASIL
> **FULANO DA SILVA**
> **00000**
>
> GENTE DA GENTE
> DATA: SÁBADO, 15/07, ÀS 11h
> LOCAL: PRAÇA XV DE JANEIRO

Daniel Klein

Quanto às condições de elegibilidade, além da idade mínima que já discutimos, o candidato precisa ter nacionalidade brasileira, estar em pleno exercício dos direitos políticos, apresentar alistamento eleitoral, ter domicílio eleitoral na circunscrição e ter filiação partidária.

(6.2)
Aspectos legais de campanha

Para um candidato, prazos e formas de propaganda da campanha são aspectos a serem observados com atenção. Uma vez que não se observam esses fatores, a candidatura pode ser multada, e isso certamente gerará um *marketing* negativo e desnecessário ao postulante.

No ano anterior à eleição, o Tribunal Superior Eleitoral (TSE) deve editar uma resolução com as instruções para a eleição do ano seguinte. A título de exemplo, veja a Resolução n. 23.457, de 15 de dezembro de 2015 (Brasil, 2015), que disciplinou as eleições de 2016. Assim dispõe seu art. 6º:

> Art. 6º A propaganda, qualquer que seja sua forma ou modalidade, mencionará sempre a legenda partidária e só poderá ser feita em língua nacional, não devendo empregar meios publicitários destinados a **criar, artificialmente**, na opinião pública, estados mentais, emocionais ou passionais. (Brasil, 2015, grifo nosso)

Esse dispositivo explicita que a propaganda deve ser veiculada em **português**, ou seja, não pode apresentar termos de outra língua, nem mesmo da inglesa. O candidato não pode informar aos eleitores, por exemplo, que detém conhecimento sobre o *core business* público; nesse caso, deve utilizar o termo em português, em tradução livre algo como "amplitude da administração pública".

Quando a norma aduz a "criar artificialmente", significa que o candidato não pode utilizar, por exemplo, uma imagem virtual ou projetada de alguma obra que pretende fazer – isso é conhecido como computação gráfica e pode induzir o eleitor a erro.

Ainda sobre o tema, na propaganda sempre deve aparecer a **legenda do partido**. Muitas vezes, se o partido apresenta rejeição do público, o candidato tenta esconder a sigla, mas isso é ilegal e que pode ensejar aplicação de sanções.

Outro cuidado que uma equipe de candidato a presidente, governador ou prefeito precisa atentar é sempre divulgar o **nome do vice-candidato de forma clara e legível**. Assim estabelece a Lei n. 9.504/1997 (Brasil, 1997): "Art. 36. [...] § 4º Na propaganda dos candidatos a cargo majoritário deverão constar, também, os nomes dos candidatos a vice ou a suplentes de senador, de modo claro e legível, em tamanho não inferior a 30% (trinta por cento) do nome do titular".

A Figura 6.2 mostra um bom exemplo de propaganda com as informações que a legislação impõe como obrigatórias em materiais de campanha.

Figura 6.2 – Informações obrigatórias em materiais

[Imagem: cartaz de campanha com "VEREADOR FULANO DA SILVA 00000" e "GENTE DA GENTE — PREFEITO: BELTRANO DIAS – 00 — VICE-PREFEITO: CICLANO FONSECA – COLIGAÇÃO 'PROGRESSO SOCIAL'". Crédito: Daniel Klein]

Ainda na seara de propaganda, muitos políticos faziam os chamados *showmícios*, ou seja, um ato de campanha com artistas nacionais e regionais contratados. A Lei Eleitoral proíbe esse tipo de evento, e o candidato infrator pode sofrer sanções.

> *Art. 39. [...]*
>
> *[...]*
>
> *§ 7º É proibida a realização de* showmício *e de evento assemelhado para promoção de candidatos, bem como a apresentação, remunerada ou não, de artistas com a finalidade de animar comício e reunião eleitoral.* (Brasil, 1997, grifo do original)

As equipes de campanha devem se atentar a esse aspecto, pois muitas vezes os artistas apoiam o candidato. Esse apoio do artista na condição de cidadão não é ilegal, mas deve ser realizado mediante depoimentos nas propagandas e nos materiais.

Outra ferramenta atualmente vedada – porém antes muito utilizada – diz respeito aos chamados *brindes* com a propaganda do candidato: bonés, camisetas, canetas, chaveiros, entre outros.

Art. 39. [...]

[...]

§ 6º É vedada na campanha eleitoral a confecção, utilização, distribuição por comitê, candidato, ou com a sua autorização, de camisetas, chaveiros, bonés, canetas, brindes, cestas básicas ou quaisquer outros bens ou materiais que possam proporcionar vantagem ao eleitor. (Brasil, 1997)

Também não é mais permitido utilizar espaços públicos, como pontes, postes e viadutos, para afixar comunicação de candidatura eleitoral. No entanto, tal proibição não se aplica a espaços particulares, cuja cessão deve ser espontânea e gratuita, conforme dispõe a Lei n. 9.504/1997 em seu art. 37, parágrafo 2º:

Art. 37. [...]

[...]

§ 2º Em bens particulares, independe de obtenção de licença municipal e de autorização da Justiça Eleitoral a veiculação de propaganda eleitoral, desde que seja feita em adesivo ou papel, não exceda a 0,5 m² (meio metro quadrado) e não contrarie a legislação eleitoral, sujeitando-se o infrator às penalidades previstas no § 1º. (Brasil, 1997)

A utilização de *outdoors* nas campanhas é outro aspecto que gera dúvidas: muitos acreditam que se estiver afixado em bem particular, é permitido. Porém, o entendimento é errôneo, uma vez que esse recurso também é vedado, de acordo com o previsto no art. 39, parágrafo 8º, da Lei Eleitoral:

> § 8º É vedada a propaganda eleitoral mediante **outdoors**, inclusive eletrônicos, sujeitando-se a empresa responsável, os partidos, as coligações e os candidatos à imediata retirada da propaganda irregular e ao pagamento de multa no valor de R$ 5.000,00 (cinco mil reais) a R$ 15.000,00 (quinze mil reais). (Brasil, 1997, grifo do original)

Quando da produção dos materiais impressos, a equipe da candidatura deve atentar para que conste o número de inscrição no CNPJ ou o número de inscrição no CPF do responsável pela confecção, bem como de quem a contratou, e a respectiva tiragem.

Diante desse contexto, podemos concluir que conhecer, entender e observar as regras impostas pela legislação, bem como suas atualizações, é fundamental para o sucesso de uma campanha eleitoral.

(6.3)
Aspectos legais de campanha na internet e em mídia impressa

Sem dúvida a internet, desde a campanha presidencial de Barack Obama nos Estados Unidos da América, em 2008, tem sido uma excelente ferramenta de campanha utilizada em todo o mundo. No Brasil não é diferente: por ser considerada um meio de comunicação de custo reduzido em comparação a outras mídias, como as malas diretas, a rede mundial de computadores vem ganhando o protagonismo nas eleições. Contudo, reiteramos que o candidato e sua equipe devem conhecer e saber aplicar a legislação que rege o uso da ferramenta.

A Resolução 23.457/2015, em seu art. 21, tratou do tema e o conteúdo desse dispositivo foi aplicado para as eleições de 2016: "Art. 21.

É permitida a propaganda eleitoral na internet a partir do dia 16 de agosto de 2016" (Brasil, 2015). O candidato cuja campanha tivesse início na internet antes dessa data estaria sujeito às sanções previstas na legislação. Ressaltamos, aqui, que esse dispositivo se aplicou apenas aos candidatos, uma vez que os cidadãos podem manifestar seu livre pensamento. Entretanto, de acordo com o parágrafo 1º do mesmo artigo, as manifestações dos eleitores foram passíveis de "limitação quando ocorrer ofensa à honra de terceiros ou divulgação de fatos sabidamente inverídicos" (Brasil, 2015).

A Lei n. 9.504/1997 disciplinou o assunto e estabeleceu que a propaganda na internet deve ocorrer de forma institucional. Veja o teor de seus arts. 57-B e 57-C:

> Art. 57-B. A propaganda eleitoral na internet poderá ser realizada nas seguintes formas:
>
> I – em sítio do candidato, com endereço eletrônico comunicado à Justiça Eleitoral e hospedado, direta ou indiretamente, em provedor de serviço de internet estabelecido no País;
>
> II – em sítio do partido ou da coligação, com endereço eletrônico comunicado à Justiça Eleitoral e hospedado, direta ou indiretamente, em provedor de serviço de internet estabelecido no País;
>
> III – por meio de mensagem eletrônica para endereços cadastrados gratuitamente pelo candidato, partido ou coligação;
>
> IV – por meio de blogs, redes sociais, sítios de mensagens instantâneas e assemelhados, cujo conteúdo seja gerado ou editado por candidatos, partidos ou coligações ou de iniciativa de qualquer pessoa natural.
>
> Art. 57-C. Na internet, é vedada a veiculação de qualquer tipo de propaganda eleitoral paga.
>
> § 1º É vedada, ainda que gratuitamente, a veiculação de propaganda eleitoral na internet, em sítios:

I – de pessoas jurídicas, com ou sem fins lucrativos;

II – oficiais ou hospedados por órgãos ou entidades da administração pública direta ou indireta da União, dos Estados, do Distrito Federal e dos Municípios. (Brasil, 1997)

Esses dispositivos nos permitem inferir que é proibido pagar por propaganda na internet, como anúncios no Google, Youtube e Facebook. Além disso, muitos conteúdos devem ser suprimidos de *sites* oficiais do Poder Público, principalmente em relação aos candidatos que almejam a reeleição, uma vez que isso caracteriza publicidade em benefício próprio.

A seguir, veja na Figura 6.3 um exemplo de utilização da internet em campanha eleitoral, nesse caso, um perfil em rede social.

Figura 6.3 – Exemplo de perfil de candidato em rede social

Da mesma forma que ocorre em relação à veiculação na internet, a propaganda política paga na televisão também é vedada (abordaremos mais detidamente esse aspecto na próxima seção). Contudo, para anúncios na mídia impressa – jornais, por exemplo –, esse recurso é permitido, desde que conste no anúncio o valor pago pela inserção. Assim dispõe o *caput* do art. 43 e seu parágrafo 1º da Lei n. 9.504/1997:

> Art. 43. São permitidas, até a antevéspera das eleições, a divulgação paga, na imprensa escrita, e a reprodução na internet do jornal impresso, de até 10 (dez) anúncios de propaganda eleitoral, por veículo, em datas diversas, para cada candidato, no espaço máximo, por edição, de 1/8 (um oitavo) de página de jornal padrão e de 1/4 (um quarto) de página de revista ou tabloide.
>
> § 1º Deverá constar no anúncio, de forma visível, o valor pago pela inserção. (Brasil, 1997)

Observe, na Figura 6.4, um anúncio de espaço para propaganda política em jornal, com orientações para envio do arquivo e das demais informações necessárias que devem constar da peça publicitária eleitoral.

Figura 6.4 – Anúncio de espaço para propaganda eleitoral

Conforme o que expusemos até aqui, cabe reiterarmos que a equipe de campanha deve, então, observar todas essas regras, pois há previsão de sanções aos candidatos que as desrespeitarem. E isso com certeza acarreta prejuízos tanto à respectiva imagem quanto à própria candidatura.

(6.4)
ASPECTOS LEGAIS DE CAMPANHA NO RÁDIO E NA TELEVISÃO

Para analisarmos a veiculação de publicidade eleitoral nesse tipo de mídia, importa primeiramente uma ressalva que envolve as candidaturas de profissionais que atuam nas emissoras de rádio e televisão. Vale, então, transcrevermos o inciso VI e o parágrafo 1º do art. 45 da Lei n. 9.504/1997, que assim disciplinam:

> *Art. 45. Encerrado o prazo para a realização das convenções no ano das eleições, é vedado às emissoras de rádio e televisão, em sua programação normal e em seu noticiário:*
>
> *[...]*
>
> *VI – divulgar nome de programa que se refira a candidato escolhido em convenção, ainda quando preexistente, inclusive se coincidente com o nome do candidato ou o nome por ele indicado para uso na urna eletrônica, e, sendo o nome do programa o mesmo que o do candidato, fica proibida a sua divulgação, sob pena de cancelamento do respectivo registro.*
>
> *§ 1º A partir de 30 de junho do ano da eleição, é vedado, ainda, às emissoras transmitir programa apresentado ou comentado por pré-candidato, sob pena, no caso de sua escolha na convenção partidária, de imposição da multa prevista no § 2º e de cancelamento do registro da candidatura do beneficiário.* (Brasil, 1997)

Como se depreende do dispositivo legal, as emissoras de rádio e televisão não podem transmitir programas, na grade normal nem no noticiário, que aludam a nomes de candidatos, mesmo que a programação seja preexistente à respectiva candidatura, devendo ainda suspender a transmissão de programas apresentados ou comentados por pré-candidatos, conforme prazo estabelecido no citado parágrafo 1º.

No que tange aos debates transmitidos por rádio ou televisão, destacamos que a equipe de campanha deve atentar para o disposto no art. 46 da Lei n. 9.504/1997.

> Art. 46. Independentemente da veiculação de propaganda eleitoral gratuita no horário definido nesta Lei, é facultada a transmissão por emissora de rádio ou televisão de debates sobre as eleições majoritária ou proporcional, sendo assegurada a participação de candidatos dos partidos com representação superior a nove Deputados, e facultada a dos demais, observado o seguinte:
>
> [...]
>
> § 4º O debate será realizado segundo as regras estabelecidas em acordo celebrado entre os partidos políticos e a pessoa jurídica interessada na realização do evento, dando-se ciência à Justiça Eleitoral.
>
> § 5º Para os debates que se realizarem no primeiro turno das eleições, serão consideradas aprovadas as regras, inclusive as que definam o número de participantes, que obtiverem a concordância de pelo menos 2/3 (dois terços) dos candidatos aptos, no caso de eleição majoritária, e de pelo menos 2/3 (dois terços) dos partidos ou coligações com candidatos aptos, no caso de eleição proporcional. (Brasil, 1997)

Conforme a legislação, se o candidato para a eleição majoritária for de um partido considerado de pouca representatividade, ele não pode participar do debate e perde a chance de apresentar sua plataforma ao eleitor.

(6.5)
ASPECTOS LEGAIS DE CAMPANHA NO DIA DA ELEIÇÃO

Em relação ao dia da eleição, há várias regras que devem ser observadas pelas equipes de campanha. Uma delas diz respeito ao uso de ferramentas de propaganda, como carros de som. O art. 39-A da Lei n. 9.504/1997 assim estabelece:

> Art. 39-A. *É permitida, no dia das eleições, a manifestação individual e silenciosa da preferência do eleitor por partido político, coligação ou candidato, revelada exclusivamente pelo uso de **bandeiras, broches, dísticos e adesivos**.*
>
> *§ 1º É vedada, no dia do pleito, até o término do horário de votação, a aglomeração de pessoas portando vestuário padronizado, bem como os instrumentos de propaganda referidos no caput, de modo a caracterizar manifestação coletiva, com ou sem utilização de veículos.*
>
> *§ 2º No recinto das seções eleitorais e juntas apuradoras, é proibido aos servidores da Justiça Eleitoral, aos mesários e aos escrutinadores o uso de vestuário ou objeto que contenha qualquer propaganda de partido político, de coligação ou de candidato.*
>
> *§ 3º Aos fiscais partidários, nos trabalhos de votação, só é permitido que, em seus crachás, constem o nome e a sigla do partido político ou coligação a que sirvam, vedada a padronização do vestuário.*
>
> *§ 4º No dia do pleito, serão afixadas cópias deste artigo em lugares visíveis nas partes interna e externa das seções eleitorais.* (Brasil, 1997, grifo nosso)

O candidato que não observar e aplicar essas regras estará sujeito às punições previstas no parágrafo 5º do art. 39 da mesma lei. Entretanto, uma boa ideia é o candidato pedir para que as pessoas usem seu adesivo, conforme permite o art. 39-A. Só é importante lembrar que o eleitor não pode pedir voto nem fazer manifestação a favor do candidato. A seguir, a Figura 6.5 mostra um exemplo de adesivo de campanha.

Figura 6.5 – Exemplo de adesivo de campanha

Assim, a equipe de campanha conta com vasto ferramental para que a missão de eleger o candidato seja um sucesso, porém a inobservância da legislação que regula a matéria pode fazer com que tudo o que foi planejado seja perdido.

Estudo de caso

Juiz eleitoral cassa candidatura de prefeito de Belém

[...]

A Justiça Eleitoral de Belém cassou nesta segunda-feira (21) a candidatura do prefeito de Belém, Zenaldo Coutinho (PSDB), e de seu vice-prefeito, Orlando Reis Pantoja, por propaganda eleitoral irregular e de abuso de poder político e econômico. A Prefeitura de Belém informou que vai recorrer da decisão. Enquanto não houver decisão definitiva no Tribunal Superior Eleitoral, ambos permanecem no cargo.

O juiz Antônio Cláudio Von Lohrmann Cruz, da 97ª Zona Eleitoral de Belém, entendeu como procedente a denúncia da Coligação Juntos pela Mudança de prática de conduta vedada e abuso de poder político e econômico de Zenaldo Coutinho e Orlando Reis Pantoja nos casos do BRT e placas de obras (condutas vedadas), Facebook e Youtube oficiais da prefeitura e a Agência Belém (propaganda eleitoral irregular), cassando a candidatura do prefeito e do vice, além de torna-los inelegíveis por oito anos.

O G1 também entrou em contato com o Tribunal Regional Eleitoral do Pará (TRE-PA), que inicialmente informou que a decisão do juiz Cláudio Von Lohrmann Cruz foi proferida na segunda-feira e que ainda não foi publicada no Diário Oficial.

A Prefeitura de Belém informou que vai recorrer da decisão do juiz, ressaltando que o prefeito Zenaldo Coutinho reitera a tranquilidade e a segurança em respeito das acusações referentes esse novo processo.

"Eu tenho certeza que a Justiça Eleitoral do Tribunal deve superar isso, rever essa decisão, pelo absurdo e pelo repeteco que ela representa. Inclusive, tanto é que nossos advogados estão apresentando recurso já imediatamente, que vai suspender imediatamente essa decisão, porque ela é um equívoco grave", disse Zenaldo Coutinho, em entrevista coletiva concedida no início da noite desta terça na Secretaria Municipal de Administração (Semad).

Fonte: Juiz..., 2016, grifo do original.

Síntese

Neste último capítulo, discutimos a importância do conhecimento e da observância dos prazos e das diretrizes legais que regem uma campanha eleitoral. A resolução que define as regras sempre é publicada pelo TSE no ano anterior à eleição, assim a equipe da campanha deve se ater a esses prazos para realizar um bom planejamento, sem deixar de atentar, logicamente, às disposições da Lei n. 9.504/1997.

Trabalhar com cronograma de prazos como faz o TSE é um ponto positivo para candidatos e sua equipe. Com uma equipe eficiente, é possível montar um cronograma estruturado, definindo as ações que a serem tomadas desde o início da pré-campanha, durante a campanha e no dia da eleição.

Nesse sentido, uma equipe pode elaborar três anúncios para publicar em jornais, preparar um bom *site* que traga informações adicionais sobre o candidato, realizar pesquisas para entender quais as demandas dos eleitores e levá-las ao debate. Conhecer os prazos e as normas legais é um diferencial muito grande para que campanhas se sagrem vencedoras.

Questões para revisão

1. No dia da eleição, há várias regras a serem observadas pelas equipes de campanhas e que devem orientar o eleitorado. Sobre ações proibidas e autorizadas no dia da eleição, marque (V) para as afirmações verdadeiras e (F) para as falsas:

( ) É proibido manifestação individual por meio de uso de adesivos.

( ) Aos fiscais partidários, nos trabalhos de votação, só é permitido que, de seus crachás, constem o nome e a sigla do partido político ou da coligação a que sirvam, vedada a padronização do vestuário.

( ) É autorizado aos servidores da Justiça Eleitoral, aos mesários e aos escrutinadores o uso de vestuário ou objeto que contenha qualquer propaganda de partido político, de coligação ou de candidato.

Assinale a alternativa que apresenta a sequência correta:
a) V, V, V.
b) V, F, F.
c) V, V, F.
d) F, F, V.
e) F, V, F.

2. Um candidato pode fazer anúncios em jornais referentes à sua campanha em período eleitoral. Para tanto, deve saber qual o máximo de anúncios permitidos por veículos dentro do período eleitoral. A quantidade é de:
a) até sete anúncios de propaganda eleitoral, por veículo.
b) até dez anúncios de propaganda eleitoral, por veículo.
c) até onze anúncios de propaganda eleitoral, por veículo.
d) até quinze anúncios de propaganda eleitoral, por veículo.
e) até dezoito anúncios de propaganda eleitoral, por veículo.

3. Quando do planejamento de uma campanha eleitoral, o candidato e sua equipe devem estar cientes de toda a

legislação e dos prazos pertinentes à campanha. Com relação às eleições, marque (V) para as afirmações verdadeiras e (F) para as falsas:

( ) No mesmo ano deve ocorrer eleição para presidente, governador e vereador.

( ) No mesmo ano deve ocorrer eleição para governador, vereador e deputado distrital.

( ) No mesmo ano deve ocorrer eleição para governador, deputado estadual e deputado distrital.

Assinale a alternativa que apresenta a sequência correta:
a) V, V, V.
b) V, F, F.
c) V, V, F.
d) F, F, V.
e) F, V, F.

4. Quais materiais de campanha não podem ser confeccionados e distribuídos pelos candidatos?

5. Um candidato pode veicular propaganda em imóveis particulares? Justifique sua resposta.

Para saber mais

Para aprofundar-se nas legislações eleitorais, acesse a íntegra das normas indicadas a seguir:

BRASIL. Lei n. 9.504, de 30 de setembro de 1997. **Diário Oficial da União**, Poder Legislativo, Brasília, DF, 1º out. 1997. Disponível em: <http://www.planalto.gov.br/ccivil_03/leis/L9504.htm>. Acesso em: 11 jul. 2017.

BRASIL. Tribunal Superior Eleitoral. Resolução n. 23.457, de 15 de dezembro de 2015. **Diário da Justiça Eletrônico**, Brasília, DF, 24 dez. 2015. Disponível em: <http://www.tse.jus.br/legislacao-tse/res/2015/RES234572015.html>. Acesso em: 2 jun. 2017.

Perguntas & respostas

1. O que é proibido no recinto da seção eleitoral?
Resposta: Conforme o previsto no parágrafo 2º do art. 39-A da Lei Eleitoral, "No recinto das seções eleitorais e juntas apuradoras, é vedado aos servidores da Justiça Eleitoral, aos mesários e aos escrutinadores o uso de vestuário ou objeto que contenha qualquer propaganda de partido político, de coligação ou de candidato".

2. De que forma deve ser realizada a campanha na internet?
Resposta: Consoante o art. 57-B da Lei n. 9.504/1997, a propaganda deve ser feita "I – em sítio do candidato, com endereço eletrônico comunicado à Justiça Eleitoral e hospedado, direta ou indiretamente, em provedor de serviço de internet estabelecido no país; II – em sítio do partido ou da coligação, com endereço eletrônico comunicado à Justiça Eleitoral e hospedado, direta ou indiretamente, em provedor de serviço de internet estabelecido no país; III – por meio de mensagem eletrônica para endereços cadastrados gratuitamente pelo candidato, pelo partido ou pela coligação; IV – por meio de blogs, redes sociais, sítios de mensagens instantâneas e assemelhados, cujo conteúdo seja gerado ou editado por candidatos, partidos ou coligações ou de iniciativa de qualquer pessoa natural".

3. Se um candidato comete um crime eleitoral e faz um anúncio em *outdoor*, qual o valor da multa?

Resposta: O valor varia de R$ 5.000,00 (cinco mil reais) a R$ 15.000,00 (quinze mil reais), de acordo com o que preconiza o parágrafo 8º do art. 39 da Lei das Eleições.

Para concluir...

O *marketing* político é utilizado no cenário brasileiro de forma crescente, sendo aplicado como a arte de informar e de se comunicar com o eleitor. Essa ferramenta orienta e direciona as ideias de cada partido, candidato e governo, tendo em vista as necessidades, o público respectivo e a constante busca em satisfazê-lo, a fim de potencializar relações duradouras com os eleitores. O *marketing* eleitoral, por sua vez, é imediatista, pontual e oportunista, visto que acontece somente nos meses que antecedem as eleições.

Dessa forma, o *marketing* eleitoral, ou a campanha eleitoral, constitui-se em um esforço publicitário para tornar atraente o candidato naquele momento específico de pré-eleições. Não se trata de uma mobilização intuitiva, mas sim racional, que se constitui de pesquisa, considerando-se, de um lado, o produto ou serviço – nesse caso, o candidato – e, de outro, o mercado consumidor, ou seja, os eleitores.

Neste trabalho, procuramos apresentar e analisar os requisitos básicos para o sucesso de uma campanha eleitoral, levando em conta sua orientação geral, suas estratégias e o detalhamento das atividades de equipe, dos recursos e do tempo, além da mão de obra especializada em comunicação. Esperamos que o abordado aqui, ainda que brevemente, seja útil para todos que se interessam pelo assunto, para aqueles que já atuam nesse segmento ou que pretendem se aprimorar nesse tema.

Referências

ABERT – Associação Brasileira de Emissoras de Rádio e Televisão. **Estatísticas de comportamento.** 10 fev. 2014. Disponível em: <http://www.abert.org.br/web/index.php/dados-do-setor/estatisticas/estatisticas-de-comportamento>. Acesso em: 2 jun. 2017.

ALVES, L. N. **A adoção da tecnologia da informação para comunicação em campanhas políticas.** 48 f. Monografia (Bacharelado em Comunicação Social) – Centro Universitário de Brasília, Brasília, 2007. Disponível em: <http://repositorio.uniceub.br/bitstream/123456789/1445/2/20035192.pdf>. Acesso em: 2 jun. 2017.

BORGES, A. K. Planejamento estratégico de campanha eleitoral, prefeitos e vereadores. **Política em dia**, 10 jun. 2012. Disponível em: <https://politicaemdia.wordpress.com/2012/06/10/planejamento-estrategico-de-campanha-eleitoral-prefeitos-e-vereadores-2/>. Acesso em: 2 jun. 2017.

BRASIL. Constituição (1988). **Diário Oficial da União**, Poder Legislativo, Brasília, DF, 5 out. 1988. Disponível em: <http://www.planalto.gov.br/ccivil_03/Constituicao/Constituicao.htm>. Acesso em: 2 jun. 2017.

BRASIL. Lei n. 4.737, de 15 de julho de 1965. **Diário Oficial da União**, Poder Legislativo, Brasília, DF, 19 jul. 1965. Disponível em: <http://www.planalto.gov.br/ccivil_03/leis/l4737.htm>. Acesso em: 8 jun. 2017.

_____. Lei n. 9.504, de 30 de setembro de 1997. **Diário Oficial da União**, Poder Legislativo, Brasília, DF, 1º out. 1997. Disponível em: <http://www.planalto.gov.br/ccivil_03/leis/L9504.htm>. Acesso em: 2 jun. 2017.

BRASIL. Tribunal Superior Eleitoral. **Glossário eleitoral**. Disponível em: <http://www.tse.jus.br/eleitor/glossario/glossario-eleitoral>. Acesso em: 2 jun. 2017.

_____. Resolução n. 23.457, de 15 de dezembro de 2015. **Diário da Justiça Eletrônico**, Brasília, DF, 24 dez. 2015. Disponível em: <http://www.tse.jus.br/legislacao-tse/res/2015/RES234572015.html>. Acesso em: 2 jun. 2017.

CESUMAR – Centro Universitário de Maringá. [Modelo de projeto de pesquisa]. 2012. Disponível em: <https://www.google.com.br/url?sa=t&rct=j&q=&esrc=s&source=web&cd=1&cad=rja&uact=8&ved=0CBwQFjAAahUKEwiQ1_XDrY7IAhWHhpAKHfIuAjg&url=http%3A%2F%2Fwww.ead.cesumar.br%2Fpos-graduacao%2FTCC%2Fmodelo_projeto_pesquisa_gestao.doc&usg=AFQjCNF8HSJUS1cZremuxez24-QT_-SvcA&sig2=yb6YvH5IJYHbJn5VVh8UpQ>. Acesso em: 2 jun. 2017.

FERREIRA JUNIOR, A. B. **Marketing político**: vantagens do planejamento da comunicação em campanhas eleitorais. 110 f. Dissertação (Mestrado em Engenharia de Produção) – Universidade Federal de Santa Catarina, Florianópolis, 2003.

_____. Marketing político e eleitoral: uma analogia entre o mundo corporativo e a política. **Cronos Quality**, 2015. Disponível em: <http://cronosquality.com/mkt1.html>. Acesso em: 2 jun. 2017.

IBGE – Instituto Brasileiro de Geografia e Estatística. **Principais funções**. Disponível em: <http://www.ibge.gov.br/mtexto/funcao.htm>. Acesso em: 21 jun. 2017.

JUIZ eleitoral cassa candidatura de prefeito de Belém. **G1**, Pará, 22 nov. 2016. Disponível em: <http://g1.globo.com/pa/para/eleicoes/2016/noticia/2016/11/juiz-eleitoral-cassa-candidatura-de-prefeito-de-belem.html>. Acesso em: 2 jun. 2017.

KOTLER, P.; KELLER, K. L. **Administração de marketing**. 12. ed. São Paulo: Pearson Prentice Hall, 2006.

KUNTZ, R. A. **Marketing político**: manual de campanha eleitoral. 11. ed. São Paulo: Global, 2006.

LIMA, M. O. C. de. **Marketing eleitoral**. 2002. Disponível em: <http://www.ebooksbrasil.org/eLibris/mktpolB.html>. Acesso em: 21 jun. 2017.

MACHADO, B. **Redes sociais**: as novas ferramentas da campanha eleitoral. Minas Gerais, Câmara Municipal de Montes Claros. Disponível em: <http://177.101.38.2/index.php/component/k2/item/122-redes-sociais-as-novas-ferramentas-da-campanha-eleitoral>. Acesso em: 2 jun. 2017.

PROS reúne pré-candidatos a vereador para discutir plano estratégico eleitoral. **Mídia News**, 22 abr. 2016. Política. Disponível em: <http://www.midianews.com.br/politica/pros-reune-pre-candidatos-a-vereador-para-discutir-plano-estrategico-eleitoral/261242>. Acesso em: 2 jun. 2017.

SANTOS, N. Pesquisa eleitoral é pura matemática. **Diário do Alto Vale**, 14 abr. 2014. Disponível em: <http://www.diarioav.com.br/pesquisa-eleitoral-e-pura-matematica/>. Acesso em: 2 jun. 2017.

SEADE – Fundação Sistema Estadual de Análise de Dados. **Sobre o Seade**. Disponível em: <http://www.seade.gov.br/institucional/quem-somos/>. Acesso em: 21 jun. 2017.

SENADO FEDERAL. **Como são feitas as pesquisas eleitorais.** 24 set. 2014. Disponível em: <http://www12.senado.leg.br/noticias/materias/2014/09/24/como-sao-feitas-as-pesquisas-eleitorais/>. Acesso em: 22 jun. 2017.

TIRIRICA se transforma em Darth Vader no horário eleitoral. **UOL**, São Paulo, 6 set. 2014. Disponível em: <https://eleicoes.uol.com.br/2014/noticias/2014/09/06/tiririca-se-transforma-em-darth-vader-no-horario-eleitoral.htm>. Acesso em: 2 jun. 2017.

VALENTE, A. **Manual básico de campanhas eleitorais**: avaliação, organização, coordenação, planejamento e estratégias eleitorais. 2009. Disponível em: <http://docslide.com.br/documents/manual-de-campanha-eleitoral-2009.html>. Acesso em: 2 jun. 2017.

VALLE, A. Marketing político nas redes sociais. **Eleitor Online**, 15 fev. 2015. Redes Sociais. Disponível em: <http://www.eleitoronline.com.br/marketing-politico-nas-redes-sociais/>. Acesso em: 2 jun. 2017.

Respostas

Capítulo 1

Questões para revisão
1. b
2. b
3. c
4. O papel do coordenador de agenda é lembrar o candidato de toda a programação, como as entrevistas e os temas a serem abordados, a organização das comitivas (que devem estar presentes em determinados locais) e a roteirização das visitas a serem feitas, além das informações que o candidato precisará ter em reuniões e discursos. Esse profissional precisa evitar que o candidato receba telefonemas ou visitas não desejadas e reagendar compromissos que, por qualquer razão, não possam ser cumpridos na data ou hora estabelecidos (se for o caso, deve desmarcá-los).
5. É o setor que levanta as informações que podem orientar o candidato e o conselho político sobre as alianças ideais em cada região. O trabalho é extremamente estratégico e fica

a cargo do conselho político; sua implementação, sob os cuidados do candidato e seu administrador de alianças, possibilitando a contratação ou indicação de seus integrantes entre os colaboradores voluntários coordenados por um pesquisador.

Capítulo 2
Questões para revisão
1. a
2. d
3. b
4.
5. Os temas segregacionistas são aqueles em que o candidato é obrigado a definir uma posição que vai inevitavelmente dividir o eleitorado; eles dão personalidade a uma campanha e, ao incluí-los em sua plataforma, é necessário analisar os prós e contras a fim de saber que posição assumir. É o caso, por exemplo, da união homoafetiva.

Capítulo 3

1. b
2. c
3. d
4. Os benefícios envolvem o melhor aproveitamento dos recursos disponíveis, como dinheiro, pessoas, tempo e apoio; o controle do desempenho da campanha eleitoral; e, sempre que possível, o aperfeiçoamento do trabalho em equipe, promovendo uma visão compartilhada das metas a serem alcançadas em cada momento da campanha.

5. O *marketing* político atua por meio do conjunto de técnicas e métodos de que uma organização política dispõe para conhecer o público e sobre ele exercer algumas influências. Dessa forma, esse tipo de *marketing* trabalha a carreira do político e das políticas públicas. O *marketing* eleitoral, por sua vez, centra-se apenas no período da campanha, apresentando os aspectos relacionados à essência do *marketing* e sua adequação.

Capítulo 4
Questões para revisão
1. c
2. b
3. d
4. O Sime atua no processamento, armazenamento e distribuição de informações, um complexo formado por pessoas, máquinas e material. Ele transforma dados brutos de determinada situação ou problema em informações úteis para melhor compreensão, com evidentes reflexos sobre o grau de adequação mercadológica, estratégica e operacional da campanha em relação ao meio ambiente.
5. A pesquisa de *recall* é aquela que procura detectar o nível de memorização do eleitorado em relação ao candidato e às mensagens por ele emitidas nos diversos meios de comunicação e, consequentemente, a eficiência da comunicação e divulgação da campanha.

Capítulo 5

Questões para revisão

1. a
2. c
3. d
4. A vantagem da utilização de cartazes é que eles permitem uma concentração em áreas geográficas delimitadas a um custo bem baixo e podem ser uma excelente peça de divulgação do candidato, principalmente sua foto e seu número.
5. Nos "santinhos" podem ser apresentados nome, número, partido e história do candidato, além de apoio para outro cargo político, telefones úteis, calendários e até mesmo uma "colinha" para o dia das eleições.

Capítulo 6

Questões para revisão

1. e
2. b
3. d
4. São vedadas na campanha eleitoral a confecção, a utilização e a distribuição, por comitê/candidato, de camisetas, chaveiros, bonés, canetas, brindes, cestas básicas ou quaisquer outros bens ou materiais que possam viabilizar vantagem ao eleitor.
5. Em bens particulares, a veiculação de propaganda eleitoral independe de obtenção de licença municipal e de autorização da Justiça Eleitoral, desde que feita em adesivo ou em papel e não exceda a meio metro quadrado.

Sobre os autores

Thiago Luiz de Freitas é pós-graduado em Sociologia pelas Faculdades Integradas de Jacarepaguá (2012) e bacharel em Ciência Política pelo Centro Universitário Internacional Uninter (2010). Atualmente é pesquisador do Setor de Inteligência Competitiva no *Marketing* Corporativo da Uninter e consultor político-eleitoral da IRG Consultoria e Pesquisa Ltda. Tem experiência em diversas campanhas eleitorais (majoritárias e proporcionais) em níveis estaduais e municipais, todas vitoriosas.

Ricieri Garbelini é mestre em Administração pela Pontifícia Universidade Católica do Paraná (2013) e bacharel em Administração pela Universidade Positivo (2003). Atualmente é professor do Centro Universitário Internacional Uninter e diretor da IRG Consultoria e Pesquisa Ltda. Tem experiência na área de administração, com ênfase em *marketing*.

Os papéis utilizados neste livro, certificados por instituições ambientais competentes, são recicláveis, provenientes de fontes renováveis e, portanto, um meio **respons**ável e natural de informação e conhecimento.

Impressão: Reproset
Março/2023